國家社科基金重大項目（10&ZD104）

上海師範大學古籍整理研究所編
項目首席專家、主編　戴建國
主編　朱易安　傅璇琮　周常林

全宋筆記

第七編　五

大象出版社

国家出版基金项目
NATIONAL PUBLICATION FOUNDATION

顧　　問　王水照　朱瑞熙　徐　規　李裕民
項目首席專家、主編　戴建國
主　　編　朱易安　傅璇琮　周常林
編纂委員會（以姓氏筆劃爲序）
王劉純　朱易安　李亞娜　周常林　俞　鋼　查清華
徐時儀　陳　新　張劍光　傅璇琮　虞雲國　戴建國

目録

⊙陳郁撰

藏一話腴

趙維國　整理

點校説明

《藏一話腴》四卷，陳郁撰。陳郁（一一八四—一二七五），字仲文，號藏一，撫州崇仁（今屬江西）人，以文學聞世，與其子陳世崇並稱「臨川二陳」。《宋詩紀事》卷六八、《四庫全書提要》、清同治《崇仁縣誌》卷八等載録其生平事蹟。理宗時，特旨以布衣充緝熙殿應制。景定間爲東宫講學堂掌書兼撰述，始末略見其子世崇《隨隱漫録》中。岳珂《藏一話腴序》稱：「近時江湖詩人多，然不誇而誕，則空而迂，流干謁者皆是。惟藏一閉户終日，窮討編籍，足不蹈毁譽之域，身不登權勢之門。」然劉塤《隱居通議》有度宗御劄跋，惜其下訪陳郁父子之卑陋（語詳《隱居通議》條下）。卒于德祐元年，年九十二。今存其著述《藏一話腴》四卷、詞四首（《全宋詩》）。

《藏一話腴》是一部雜録筆記，内容駁雜，既有朝野遺聞逸事、史事雜論，又有文學評論，對於宋代史學、文學的研究頗有裨益。由於陳郁是當時著名的詩人，對於時人詩文的評價頗有見地，爲宋代文學批評研究提供了重要的文獻史料。

此書現存明汲古閣鈔本、文淵閣《四庫全書》本、《適園叢書》本、《豫章叢書》本、《説郛》本等，汲古閣鈔本分爲甲乙兩集，《適園叢書》本分爲甲乙兩集，每集分爲上下卷；《四庫全書》本、

《豫章叢書》本分爲内外兩編，每編分爲上下卷。《説郛》本不分卷，節録本。此次整理以《適園叢書》本爲底本，校以《豫章叢書》本、文淵閣《四庫全書》本等。

序

陳藏一以詩文名世，真西山、劉漫塘、陳習庵交稱之。余始過其語，今觀所述《話腴》，博聞强記，出入經史，研究本末，則可法度，而風月、夢怪、嘲謔、詼諧、淫麗氣習，淨洗無遺，豈非自「思無邪」三字中踐履純熟致是耶？迺知三君子可謂具眼矣。嘗謂近時江湖詩人多，然不誇而誕，則空而迂，流干謁者皆是【一】。惟藏一閉户終日，窮討編籍，足不蹈毁譽之域，身不登權勢之門。及叩其中，則詞源學海，浩乎莫之涯涘，若藏一豈多得哉？詩史曰：「讀書破萬卷，下筆如有神。」因爲藏一誦，而併書之編首云。棠湖翁岳珂肅之。

校勘記

【一】干謁者皆是　「干」，原作「於」，據《四庫全書》本、《豫章叢書》本改。

甲集卷上

藝祖微時，《日》詩云：「欲出未出光辪撻，千山萬山如火發。須臾走向天上來，逐卻殘星趕卻月。」國史潤飾之，乃云：「未離海嶠千山黑，才到天心萬國明。」文氣卑弱，大不如元作辭意慷慨，規模遠大，澟澟乎已有萬世帝王氣象也。

孝廟時，一名士解郡文學秩歸，用押綱賞格循轉，其詞曰：「爾以師儒之重，甘從綱吏之卑。爾既不愛其身，朕亦何吝於賞。勉進一秩，以旌厥勞。」大哉王言！不知自策勵以副警訓者，非士也。

《易》於《豐》、《噬嗑》，有雷電之威，故皆能折獄，若《賁》無雷之威，則爲小明，不足以立事。故曰：「無敢折獄。」子路片言折獄，以其有威也，信矣！人必有威，然後不爲人所慢侮，且可以應猝然之變。君子不重則不威，其立身之本歟！

《左氏傳·襄九年》載魯穆姜之言曰：「元者善之長，亨者嘉之會，利者義之和，貞者事之幹。」坦然明白。後十三年而夫子生，則《繫辭》非夫子作也明矣。亦左氏之辭多誕乎？抑《文言》非夫子所作乎？

仁廟時，歐陽修以九月朔拜内相，真西山以端平甲午九月初除内相。洪平齋草制云：「粤我仁祖，有若臣修，朝京師於甲午之年，拜内相於季秋之朔。」當時以爲用事精切如此。

孫冕，臨江軍新淦人，擢進士第。天禧末，守蘇州。會鄉里素交罷相，以賓傳出判臨杭。舟泊蘇臺，歡款甚密，謂孫曰：「老兄淹遲日久，且寬衷，予當致拜聞。」冕正色答曰：「君二十年出處中書，以素交潦倒江湖，不預一點化筆。今事權屬他人，去廟堂千里，爲方面，始以此語見説，得爲信乎？」里人媿謝，夜半解舟潛遁。冕大書一詩於廳壁，拂衣歸九華。詩云：「人生七十鬼爲鄰，已覺風光屬别人。莫待朝廷差致仕，早謀泉石養閒身。去年河北曾逢李，今日淮西又見陳。寄語蘇州孫刺史，也須抖擻老精神。」清節高操，可羞百執事之顔。朝廷聞之，令再仕。詔下已歸，竟不出矣。

舒之山谷寺前溪有二巨石，南之石名詩崖，北之石名酒㠀。蓋有達官與文士賦詩飲酒於石之上，因得美名。何貪泉、狠石、辱井之不幸耶？

濂溪周先生《倦吟集·遊廬山大林寺》一律【一】云：「水色含雲白，禽聲應谷清。」余味其詞意，則前一句明，後一句誠，道在是矣。

象山陸先生四歲侍父行，遇事必問。一日，或問天地何所窮際。曾魁從龍赴省時，館於衢之順溪，題一絶云：「紅照西沈暫解鞍，偶然假館豈求安？新豐獨酌誰爲侶，坐對窗前竹一竿。」蔣奎重珍未舉時，雷雨夜賦絶句云：「雹飛窗上明如月，雨溜檐前響過泉。

【一】倦吟集遊廬山大林寺一律　「集」原作「惟」，據《四庫全書》本、《豫章叢書》本改。

蠢動有生皆發蟄，是龍那得不升天。」志氣不同，皆於未達時已見之。

澹庵胡先生謫新州，築室城南，名「小桃源」而圖之，且題詩其上云：「閒愛鶴立木，静嫌僧叩門。是非花莫笑，白黑手能言。心遠闊塵境，路幽迷水村。逢人不須説，自唤小桃源。」或者謂寓避秦之意，然又作「小西湖」於所居之側，亦寓不忘君之義乎？

真西山鎮温陵。春，講武帳前，將官王大受被甲三重，發百矢皆中帖。西山躍之，補充正將。後月餘，忽海寇猖獗，令大受將五百卒以禽之，獲趙某等三渠魁及從百餘輩。大受歸，傷重而没。趙，宗子也，始皆疑西山未易處，閲數日獄成。西山引諸囚入教場，縛二渠魁於中，掩其心，令諸軍射箭如蝟，而賊未死。或斬或搥，次第而畢。惟置趙於旁觀之。次陵遲二渠魁，且以心肝祭大受。訖，補其二子以指使，又配其二女以良壻。賞罰兼行，士民驚服，皆以爲趙可生也。事畢，西山呼趙而問之，趙稱宗室不絶，西山曰：「宗室爲賊首，則非宗室矣，宜正以王法。」決交脊二百而卒。衆無敢譁，大略似誅少正卯時也。一時爲詩歌者百數，獨長溪丞王奕世一絶云：「憑陵海若玩波神，怙恃乾坤不殺身。刀鋸未加先自殞，陸梁未有白頭人。」西山大喜，薦之於朝，後宰建安而卒云。

米元章寫高麗經，以孔子爲佛，顔子爲菩薩。余謂元章以字畫名世，技痒而書胡語，已不能無罪，况以夷狄比擬聖賢乎？元章師聖賢也歟？非師聖賢者也。

司馬遷《史記》可謂美矣，余恨其學不醇，而言多駁焉。《春秋》之法，惟諸侯方得世之唱。顧盼而花鳥呈伎，言笑而川谷傳響。優游歲月，逍遥天壤；路逢扁舟而去者，詰之辱，飯蔬食何必八珍之餉。隱几餘閒，杖藜獨往；或從田家瓦盆之飲，或聽漁父滄浪二不可，七必弗堪；亦恐一不成，萬有餘喪。故俛焉以歸，超然自放。衣敝袍可無三褫相；介然褊性，無容物量。智淺而慮不周，材疏而用則曠。不返初服，輒啟榮望。豈但出，詔起者再，力辭而免。嘗大字徧書其印紙，示終身焉。其語曰：「怪矣病容，無食肉

漫塘劉司令宰，字平國，早有經世志，居官居里，遇事精實，四方推尚。中以微疾不

滑州。」又云：「萬沙無寸木，遠見他州山。」平可知矣。

滑州地無尺木，沙如掌平。唐太守失其名，有句云：「歸來莫訝無歌吹，修竹旁邊是

媿諸？

爵，而躬執璽以授齊；馮道身爲大臣【二】，而甘事數姓。曾不若女子之有節誼也，不重然諾，女能輕死生。寒潭墮秋月，心跡兩清明。」余謂王儉有文學政事，受晉、宋高焉。戴石屏爲詩以美之，云：「士有敗風節，魄魂蘊九京。幽閨持大義，千載樹嘉名。父蔡。女曰：「吾一身而三許人，尚何顏登人門户？」委身於潭而死。鄉社立賢女祠，今存

南康縣外二十里許有劉氏女，少而慧，父母初以許蔡，無故絶蔡而許吴，吴亡又以許

士也，而列於「刺客」。其作《敘傳》則尊道術而薄六經，尚可得謂所學之醇乎？

禄，雖卿大夫亦不可，而以孔子列於「世家」；豫讓漆身報德，氣節凜凜，可謂天下之義

【二】馮道身爲大臣　「身」，原作「傳」，據《豫章叢書》本改。

之曰：汝非霸越之人乎？陶天下之中，須子致富，宜亟去，毋亂吾槳。遇籃輿而來者，揖之曰：非不屑見督郵者歟？宜亟歸。有謁於道者，縱得錢付酒家，終不若高卧北窗，日傲羲皇之上也。」

真西山在嶽麓書院請蔡季通分講。西山請講：「艮其背，不獲其身；行其庭，不見其人。无咎。」蔡云：「艮其背，不獲其身，無我也；行其庭，不見其人，無物也。内既無我，外既無物，宜聖人以无咎許之。」

林榕臺在福州，陳止齋作倅，請榕臺解《論語·學而第一章》。林云：「學而時習之，不亦悦乎？心與道一也；有朋自遠方來，不亦樂乎？道與人一也；人不知而不愠，不亦君子乎？道與天地一也。」

洪内翰邁分教福州，請學諭林少穎知己説《書》。林云：「《堯典》、《舜典》、《臯陶謨》、《大禹謨》等篇，知之爲知之者也。《汨作》、《九共》九篇、《槀飫》，不知爲不知也。」

名山大川，登臨之勝多在乎西。故汝陰之西湖，洪、蜀、永之西山，嘉之峨眉，巴陵岳陽樓，齊安之臨臯，金陵之賞心、白鷺，揚之平山堂，蘇之姑蘇臺，荆楚之雲夢，郢之白雪，滁之瑯琊，九江之庾樓，皆延庚挹辛，賓夕陽而導初月。彼東北南未必無勝覽之地，恐不多數耳。

菱、芡皆水物也，胡爲菱寒而芡暖？蓋菱花開必背日，芡花開必向日故也。桃、杏雙仁者，必殺人。其花本五出，有六出，必雙仁，而殺人矣，反常故也。木實之蠹者，必不沙爛，沙爛者，必不蠹而能浮，若不浮者，亦殺人。蓋既沙爛，則不能藴畜而生蟲，獨不見瓜至甘而不蠹者，以其沙也。有物必有理，若可窮矣。然羲之《石脾帖》云：石脾，入水即乾，出水便溼；獨活，有風不動，無風獨摇。又未可以意窮也。非至聖，吾誰與歸？

小孤山在宿松縣江北岸，與江州彭澤接境，山形如覆鐘，高數十丈。山西有小孤廟，相對有彭浪磯，俗謡山爲小姑，磯爲彭郎，遂有「小姑嫁彭郎」之説。古詩云：「倚天巉絶玉浮屠，肯爲彭郎嫁小姑。」又有曰：「舟中賈客莫漫狂，小姑前年嫁彭郎。」皆因其謡。惟陳簡夫詩曰：「山稱孤獨字，廟塑女郎形。過客雖知誤，行人但乞靈。」可以證謬。

孔子曰：「吾執御矣。」「丘也幸，苟有過，人必知之。」何言之遜？及言媚竈，則曰：「獲罪於天，無所禱也。」何言之厲？蓋君子發辭宜遜，立行宜嚴。不遜則召禍，不嚴則受侮，恐傷乎行，不得不厲也。後世之爲君子者，既不遜於言，又不厲於行。吁！

近世拜官多爲飾説，已可恥矣。而朝廷又爲之法，曰「至某官方許辭免」，若此，則未至某官之前，必不許之辭；既至某官之後，必使之辭，是教人爲僞也。兩府將有除命，未下之先，必曰「押入」，名最不正。蓋賢者當以禮進，以禮退，既可押入，必可押出矣。有過而貶，輒半年不赴，章再上矣，猶且恬然。古者三黜恐不如是。此皆進退之名不正，褒貶之義不明乃爾。當如黄憲聞召即起，受官即拜。上未聞使之辭，下未敢慢所賜，雍容中禮義也。徐積仲車云。

曾子之去妻也，以蒸梨不熟；孟子之去妻也，以惡敗；鮑永之去妻也，以叱狗姑前。皆以事辭而去也。唐李度支以畜妓陶芳於中門而去妻，當時有敕停官，及薨亦無追贈。今世如李者多矣。

李文山羣玉吟鷓鴣詩，世惟以「屈曲崎嶇，鉤輈格磔」一聯稱，不知文山用工正在第五第六句，云「曾泊桂江深岸雨，亦於梅嶺阻歸程」，但詠其鳴之時與地，鷓鴣明矣。其失鶴詩亦然，「清海蓬壺遠，秋風碧落深」，隱然失鶴之意。所謂「吟詩必此詩，定知非詩人」是也。近徐山民猨詩、趙山中角詩皆得文山之髓。

鄭俠介夫未第時，讀書清涼寺。王荆公以中書舍人持服寓江寧，聲迹相聞，然俠未嘗往見。荆公使門人楊驥瞯之。大雪中，俠呼驥共飲，酒酣題詩於瑞像閣云：「濃雪暴寒齋，寒齋豈怕哉？漏隨書卷盡，春逐酒瓶開。一酌招孔、孟，再斟留賜、回。醺酣入詩句，同上玉樓臺。」楊君爲荆公誦此詩，公大稱賞，曰：「真好學也！」且期以高第。治平四年，果擢甲科。後公參大政，俠以疑獄數事爲公謀，公皆如其請。俠爲監門，公行新法，俠極言其非，不報。時荆公有詩曰：「何處難忘酒，君臣會遇時。高堂拱堯舜，密席坐皋夔。和氣襲萬物，歡聲連四夷。此時無一盞，辜負鹿鳴詩。」俠和云：「何處難緘口，熙寧政失中。四方三面戰，十室九家空。見佞眸如水，聞忠耳似聾。君門深萬里，焉得此言通。」故宰相之欺，終不能勝監門之直云。

唐太常丞宋沇傳漢中王舊説云：「玄宗雖雅好度曲，然未嘗使蕃漢雜奏。天寶十三載始詔諸道調法曲，與胡部新聲合作，識者異之。明年禄山叛。」元微之《立部伎樂府》云：「宋沇嘗傳天寶季，法曲胡音忽相和。明年十月燕寇來，九廟千門塵土涴。」吁！翕如繹如，繼承長久之意也；促拍衮煞，此何義邪？君子於是思古。

城邑，交易之地，通天下以市言。至村落則不然，約日以合，一鬨而退，曰「墟」。以虚之日多，會之日少，故西蜀名墟曰「痎」，如瘧之間而復作也。江南人嫌痎之名未美，而取其義，節文曰「亥」。故今分寧縣治即武寧縣，村市名「常洲亥」者，分而爲縣市也。洪芻之識方，可驗荆吴之俗，取寅、申、巳、亥曰「集」，故亥日爲亥市。張祐詩曰「野橋經亥市，山路過申洲」，張籍《江南曲》有曰「江村亥日辰爲市」，山谷詩曰「漁收亥日妻到市」，謝艮齋詩曰「已向三長觀亥市，便從雙井問寅庵」。

後湖居士蘇養直以世賞官其子，而自相羊三江五湖閒，遇林泉勝處，輒引杯嘯詠，發見於詩者千餘篇。紹興閒名達九重，累詔不起。詩豈窮人哉？然考其爲人，簡易佚蕩，與人交傾倒，無隱情，無戚疏，賢愚皆知愛慕，蓋有在於詩之外者。嘗謂士大夫既抱文才，流清譽，而復有德以將之，若後湖可也。

中山劉賓客《題壽安甘棠館》云：「公館似仙家，池清竹徑斜。山禽忽驚起，衝落半叢花。」然觀《四朝聞見録》第一條，以此詩乃恭孝儀王仲湜遊天竺所作，豈偶忘之耶？

李守大異伯珍回醫生之書云：「遣白金三十兩，奉納，以備橘黄之需。」始不曉所謂，及觀《世説》，有「枇杷黄，醫者忙；橘子黄，醫者藏」，乃知世使然耳。脞談叢録，不可不知。

太白云：「請君試問東流水，别意與之誰短長？」江南李後主曰：「問君還有幾多愁？恰似一江春水向東流。」略加融點，已覺精彩。至寇萊公則謂「愁情不斷如春水」，少游云「落紅萬點愁如海」，青出於藍而青於藍矣。

汪尚書應辰一帖與蜀李侍郎云：「兩蒙賜教，輒題『申』字。此一字利害，雖無甚輕重，而近世官文書以爲差别。昔王弘中牒袁州以故牒，韓退之不敢當，況其重於此者乎？幸望指揮改正。」退之所謂「伏乞仁慈，特令改就常式，以安下情」者也。觀此，則今人繁文縟禮，式有加而情不足者，當何如哉？

馬友犯長沙，向薌林捍之，不敵而潰。道遇友别將方舟而來，家人輩惶懼，知弗脱矣。賊指求薌林愛妾，妾聞命無懼色，自語賊曰：「必欲我，當以車馬來。」賊許之。妾即盛飾以待，家人駭之，然猶謂其往可以紓難。頃刻，肩輿至，即奮而登。既過河，望賊舟不甚相遠，妾忽語輿卒，欲少止。羣卒乃弛轎，妾一躍入水。急救之，已絶矣。賊相顧不發，薌林亦悠然而去云。

孟子不見諸侯，然齊宣、梁惠兩次見者不一。及其去也，尚三宿而不行。非不見也，不見不聞道，不尊賢者矣。余嘗有贈友人句曰：「舉頭莫看王侯面，失脚恐爲名利人。」非使之斷不見王侯也，儻有能尊賢才而樂聞道，將千里而見矣。正孟子之遺意。

温陵有木秀甚，無有識其名者，俗皆以「無名木」呼之。有士人葉廷珪賦詩，中聯云：「人依清樾摩挲認，鳥宿高枝睥睨看。」

詩中用全書句，固有此格，須是十分著題方佳。如坡詩云：「君特未知其趣爾，臣今時復一中之。」蓋就題引用，極是切當。近有賦多景樓者曰：「逝者如斯未嘗往，後之視昔亦猶今。」於多景乎何干？賦吴之靈巖者曰：「大抵有興須有廢，莫論誰是與誰非。」於巖乎何預？賦三高亭者曰：「見幾而作不終日，後世以來無此風。」於三高乎何關？若不要切題，則此三聯，凡弔古詩皆可用也。惟曾搏齋遭論歸，賦《自省》詩，中一聯云：「不可以風霜後葉，何傷於月雨餘雲。」託物寄情，得坡之意。

三代而降，典謨訓誥之後，有董、賈、司馬遷、揚雄、二班之文莫可繼，曰「文止於漢」。八分大隸之餘，鍾、衛、二王之書莫可肩，曰「書止於晉」。《三百篇》往矣，五字律興焉，有杜工部出入古今，衣被天下，藹然忠義之氣，後之作者未之有加，曰「詩止於唐」。本朝文不如漢，書不如晉，詩不如唐，惟道學大明，自孟子而下，歷漢、晉、唐，皆未有能爲天地立心，爲生民立極，爲萬世繼絶學、開太平者也。

馬融不惟經學精深，詞藻暢妙，觀《長笛》一篇，深於音矣。其於弈秋，尤爲不淺，《圍棊賦》云：「怯者無功，弱者先亡。離離馬目，連連雁行。踔度間置，徘徊中央。攻寬擊虚，横行亂陣。收死卒兮，無使相迎。守視不同，爲所唐突。深入敵地，殺亡士卒。狂攘相救，先後并没。事留變生，收拾欲疾。」皆高手語也。

昔魯共王餘畫先賢於屋壁以自警，凡視聽言動，目擊道存，毋敢一毫妄想。知此意，則知金盆、浴鴿、孔雀、牡丹張陳滿室者，胸中之塵不可萬斛量也。

校勘記

甲集卷下

子曰「吾與回言」，又曰「參乎」，又曰「若由也」，師之稱弟子以名也。於鄭兄事子産，於齊兄事晏平仲，故曰「子謂子産有君子之道」，又曰「晏平仲善與人交」。子夏曰「言游過矣」，子張曰「子夏云何」，曾子曰「堂堂乎張也」，是同朋稱其字而不稱其名。至於師之前，雖朋友皆稱其名，曰「賜也何敢望回」，又曰「師與商也孰賢」，子游曰「有澹臺滅明者」是也。

《春秋》，魯史也，以諸侯之事而書「西狩獲麟」，何也？蓋孔子作《春秋》，用意深微，以一字爲褒貶。巡狩乃天子之事，而諸侯爲之，書「西狩」，所以識其僭也。

諫爭，難事也。漢武帝見嚴助輩，恨得之晚，終以誅死。公孫、霍光任之雖篤，實未嘗禮之。惟於汲黯，不冠則不敢見。黯之所可敬者，可知矣。帝豈强爲者哉？陽城未嘗言，遽爾發諫，或者大之。余謂城居諫職，日與屠沽飲，一旦悻然强諫，酒狂之語爾。行且未著，諫豈盡嘉？久而不言，是不能言也，宜其不足以聳君聽。吁！大人格君心之非，黯有焉；若城者，未聞枉己而直人者也。

作詩作文，非多歷貧愁者，決不入勝處。三閭阨而騷獨步，杜少陵愁而詩冠古今。退之欲人輟一飯之費以活己，而文起八代，上窺至聖。孟郊斫山耕水，賈島薪米俱無，窮尤甚焉，其詩清絶高遠，非常人可到，良有以也。白石道人姜堯章，氣貌若不勝衣，而筆力足以扛百斛之鼎；家無立錐，而一飯未嘗無食客。圖史翰墨之藏，充棟汗牛，襟期灑落如晉、宋間人，意到語工，不期於高遠而自高遠。黄景説謂造物者不以富貴浼堯章，而使之聲名焜耀於無窮，正合前意。甚矣！士之貧賤不足憂，而學不充，道不聞，深可慮也。

岳鄂王飛《謝收復河南赦及罷兵表》略曰：「夷狄不情，犬羊無信，莫守金石之約，難充谿壑之求。暫圖安而解倒垂，猶云可也；欲長慮而尊中國，豈其然乎？」又曰：「身居將閫，功無補於涓埃；口誦詔書，面有慚於軍旅。」又曰：「尚作聰明而過慮，徒懷猶豫以致疑。與無事而請和者謀，恐卑辭而厚幣者進。願定規於全勝，期收地於兩河。唾手幽燕，終欲復讐而報國；誓心天地，當令稽首以稱藩。」未幾虜渝盟，河南復陷。後六十年得虜之《南遷録》，見當時諸酋議論，鋭意爲取江南之計。歸三京以誘吾歸兵於平地。吾保河南，則江防必虚；若吾不守河南，則是彼嘗見歸，吾自委棄。在遺民當自歸曲於吾矣。虜謀若此，鄂武穆之料敵，信不妄云。

徽廟一日幸來夫人閤，就洒翰於小白團扇，書七言十四字，而天思稍倦，顧在側璫云：「汝有能吟之客，可命續之。」因薦鄰里太學生。既宣入内侍省，恭讀宸製，不知指意。乞爲取旨，或續句呈，或就書扇左。上曰：「朝來不喜餐，必惡阻也。當以此爲詞，以續於扇。」續進，上大喜。會將策士，命於未奏名，徑使造庭，賜以第焉。上御詩曰：「選飯朝來不喜餐，御廚空費八珍盤。」生續曰：「人間有味俱嘗徧，只許江梅一點酸。」

中興紀年，若「隆興」二字，實兼法「建隆」、「紹興」；「淳熙」，則「淳化」、「雍熙」；「紹熙」，則「紹興」、「淳熙」；「慶元」，則「慶曆」、「元祐」；「開禧」，則「開寶」、「天禧」；「端平」，則「端拱」、「太平」。唐德宗與李泌議改元，德宗謂本朝之盛無如貞觀、開元，宜各取其一，改曰「貞元」，義與今同。

韓非《外儲說左上》篇云：「南宮敬子問顔涿聚曰：季孫養孔子之徒，所朝服與坐者十數，而遇賊者何也？曰：昔周成王近優、侏儒以逞其意，而與周、召斷事，是以成其欲於天下。季孫今養孔子之徒，所與朝服而坐者十數，而與優、侏儒斷事，是以遇賊。故曰：不在所與居，在所與謀。」又「管仲相齊，曰：臣貴矣，然而臣貧。桓公曰：使子有三歸之家。曰：臣富矣，然而臣卑。桓公使立於高、國之上。曰：臣尊矣，然而臣疏。乃立爲仲父。孔子聞而非之，曰：泰侈逼上。一日，管仲父出，朱蓋青衣，置鼓而歸，庭有陳鼎，家有三歸。孔子曰：良大夫也」。余謂成王大聖也，與周、召斷事矣，決不近優、侏儒。近優、侏儒矣，尚安能與周、召斷事哉？夫子美仲之功與德，直許之以「如其仁」，今也以「泰侈逼上」而非之，又以其朱蓋青衣、置鼓、陳鼎之榮，而謂之爲「良大夫」，何夫子褒貶之權衡如是其舛逆也？若仲果「泰侈逼上」，豈能成輔伯之功哉？吾斯之未能信。

种師道爲小官時，夜赴同僚之集，每致薪炭、白粲，俱行至會飲之家。或風雨驟冷，或宴久夜長，或主人給散儉薄，不能滿從直之適，則陰賜予之。他皆羣聚喧囂，聲達於内，賓主不安，惟師道所部，深夜作粥充飢，熾薪爇炭，附煖而坐，静觀諸卒之不肅者，忘夜之艾也。師道後以文資易右列，持重兵，變化莫測，人心附之，於細事可見。今世士夫託爲名色，同寮真率，一樽一榼，擁妓縱博，達旦不休。豈知從直皆是禁軍，聽其凍飢於户外，呻吟之聲盈耳，本官尚能樂其樂哉？視師道幾塵。故曰觀大節必於細事，觀立朝必於平日云。

昌黎，唐文章之伯，故李翺、張籍從之游。歐公，宋文章之師，故蘇子美、梅聖俞爲之徒。善觀人者觀其所主，而端人則取友亦端也。

唐李涉過皖口之西，遇大艦遏其征。數十人持兵仗問是何人，從者曰：「李涉博士船也。」其豪首曰：「若是李涉，聞詩名已久，但希一篇，金帛非敢取也。」李乃贈一絶云：「暮雨瀟瀟江上村，緑林豪客夜知聞。他時不用逃名去，世上如今半是君。」

甚矣，巫覡之妖爲民害也。昔爲河伯娶婦，起於秦獻公八年，初以君娚妻河，見《六國表》。後鄴爲河娶婦，浚道爲山娶嫗。使不遇西門豹、宋均二子，獷俗豈易除哉？紹興甲寅，南城胡有開，字益之，來宰分寧。先是邑民狃於淫祀，僧巫造舟置祀。歲十月，大集惡少，千百爲羣，鉦鼓弓矢，角勇技於祠下，斫鬬以死勿訟爲盟約，謂之「打元齋」，由此而死者無虛歲。益之下車首革是事，焚其舟，拘其凶器，且作《毁元齋辨》以祛民惑，而弊乃息。莅職三載，歲稔民康，絶此風至今日。當時刻碑記事，猶屹立於紫府觀之廡。姑蘇愚民無貧富，薄於奉親，而厚於祀邪者相半。洞庭山有村民之黠者，以詐鼓愚，號爲「水仙太保」，掠人之財賄，誘人之妻妾，不可勝數，爲害數十年。使君王寶齋追而鞫之，殊無異狀，迺毁壇絶祀於其家，黥面鞭背而不發語。於是投之江，又爲辨惑之文以警衆，意蘇民必悟。而方且交哭於巷，望祭於江，三四年迎迓僭侈，祭設豐腆有加於昔。吁！益之賢宰、寶齋賢守，補於風教者，雖無媿於豹、均二子。其如蘇民之愚，有媿於分寧之惡少歟！

澹庵胡先生於福州僉廳分扇，得一扇，畫古木閒一人騎驢向西南行。初見似無思致，及有新興之命，方知畫爲先兆也。先生書一絶於陰云：「誰向生綃白團扇，畫將羈客據征鞍。南遷萬里知前定，壁上崖州莫怕看。」

石林云：五代離亂，無一俊傑，而浮屠中乃有雲門、臨濟、德山、趙州數十輩。前輩謂自佛入中國，散逸人才，豈其然乎？六一先生云：天下無事時，智謀雄偉非常之士無所用其能，往往伏於山林，老死不出。故序祕演、惟儼之詩曰：演狀貌雄偉，胸中浩然；儼退偃一室，而言天下事，聽之終日不厭。又皆馳騁文章，豈所謂逸才者歟？

韓昌黎闢佛有文，李文公去佛有辨。而佛之徒著於圖，畫於壁，以誑愚者，曰韓參大顛，李師藥山。蓋佛之術，惟不知聖人之書者爲其所惑耳，使知人倫天分不可滅絶，奚墮其妄哉？今世王公大人更相施舍供養，謂能植福，亦與不讀書者同一見，合一愚耳！東坡宿徑山，中夜有叩扉者，徐問之，則云：放天鐙人歸。如此，則天鐙之僞不辨而明。

真廟朝寢殿側有古檜，秀茂不羣，名「御愛檜」。然横礙殿檐，真皇意欲去之，一夕風雷轉摺其枝，因以爲瑞。題詠者多，惟福州羅源特奏林坰唐律稱旨，云：「古殿當年欲葺時，槎牙高檜礙檐榱。人間斤斧難容手，天上風雷爲轉枝。煙色併來春益重，月華饒得夜相宜。真皇一駐鸞輿賞，從此聲名四海知。」真皇見之，喜動天顔【一】，即賜號「南華翁」，詩名由此大顯，今有《南華集》行於世。詩豈負人哉？

趙昂總管始肄業臨安府學，困躓無聊賴，遂脱儒冠，從禁弁升御前應對。一日，侍阜陵蹕之德壽宫。高廟宴席閒問：「今應制之臣，張掄之後爲誰？」阜陵以昂對。高廟俯睞久之，知其嘗爲諸生，命賦《拒霜詞》。昂奏所用腔，令綴《婆羅門引》；又奏所用意，詔自述其梗概。即進呈云：「暮霞照水，水邊無數木芙蓉。曉來露溼輕紅。十里錦絲步障，日轉影重重。向楚天空迥。人立西風，夕陽道中。歎秋色與愁濃。寂寞三千粉黛，臨鑑妝慵。施朱太赤，空惆悵，教妾若爲容。花易老，煙水無窮。」高廟喜之，賜銀絹加等，仍俾阜陵與之轉官。我朝之獎勵文人也如此。

藺相如避廉頗，卒爲刎頸交。蓋人臣之有私怨，國家之禍也。私怨之成，其人無賢不

【一】喜動天顔　「動」原作「見」，據《豫章叢書》本改。

肖，理無曲直，皆當被不忠之刑。何者？彼誠賢直，則必心存國家，無事於爭矣。凡怨讐必肇於交相勝，吾能忘己以下之，彼豈有終怒而不吾釋者邪？相如下廉頗而趙國强，寇恂避賈復而漢業成，郭子儀善李光弼而唐室興。此萬世人臣之法也。

蘄州林敏功，字子仁，學既高明，而服膺中庸。故發於言行，不爲險怪奇靡，守節令終，圭璧無玷，杜門不出二十年。吕居仁録能詩者二十六人，號「江西宗派」，昆仲咸在選中，名達九重，璽書嘉獎，賜號「高隱處士」，視朝散大夫。告詞曰：「爾好學博古，遂志山林，蕭然無爲，恬不願仕。朕所嘉尚，賁以令名。」前輩高尚之士，豈如今之朝吴暮越、隨馬叩門者，逐逐勢利之場以爲榮，而言與行大相遼絶哉？因作一絶云：「柳緜輕薄事狂遊，長被東風舞未休。秋桂邃然居月府，世間何地不香浮？」

《尚書》，天子之事也，終以《文侯之命》可矣。定於夫子，乃以費、秦二誓繫於後，蓋所以戒周，所以警後世也。《詩》有《頌》，蓋明德而告成功，太平之事也。删於夫子，乃以《商頌》十二篇終之，豈以是盛德事邪？蓋不欲絶一代之事，因而附之耳。故序曰得《商頌》十二篇，非與周室之盛例論也。

《松漠紀聞》云：有外國人來廣東，必重譯而後辨其語。頃有索逋來投有司者，譯人受債家囑。時適久旱，有僧焚身而禱。就誣來投者，以爲例欲捨身。太守不察其所以，竟叱諸卒推而焚之，終不能辨。生死之機，發於譯者之口。今人秉僉擬之筆，專鞫勘之權。

長史不審，而判照即行也。何異外人視譯之言而生死哉？

諸葛武侯薦馬超於先主，關羽恐其出己右，移書問之。武侯曰：「可與翼德並驅馳衡，然非髯將軍比也。」羽聞而喜。余謂武侯此語既不掩超之美，又有結羽之心，深沈大略可涯涘邪？當其兵數敗衄而時，下教曰：「今非將不善、兵不衆而敗，蓋亮未聞過耳。諸君攻亮之過，則兵決可勝。」夫人有失，誰不懷忌？而武侯獨願聞其過，豈不誠大丈夫哉？故其殞也，雖廖立輩乃素所黜，而感泣至於嘔血。蓋如武侯之才固不乏，而武侯之德可以服人心，爲閒見耳。其次謝安，見識度量可彷彿相似，然安有期服而不廢樂，於德有損。彼崔浩者輒非武侯，浩何人哉，敢爾邪！

《荊楚歲時記》云：「黄姑織女時相見。」太白云：「黄姑與織女，相去不盈尺。」皆以牽牛爲黄姑，明矣。及讀李後主詩乃云：「迢迢牽牛星，杳在河之陽。粲粲黄姑女，耿耿遥相望。」如此則以織女爲黄姑矣。宗坦又云「黄姑即河鼓」，未知孰是。

甲午歲端平元年七月八日，我師尅復彭城，麾下洪福，得亡金人手鈔詩册。王貴叔之客，即彭城舊歸朝人漣水教官孟格承之也。見之曰：「某鄉友趙禎仲祥之筆澤。」承之因言詩家名字、爵里。余於其中得一二篇，迺知河朔幽燕渾厚之氣，至此散矣。因録於後。

李國楝夏卿《感懷》云：「東金西木兩睽違，由此生男不足依。但願相忘不相顧，莫言誰是復誰非。幾家能用三牲養，千古空傳五彩衣。一把殘骸著無處，不歸溝壑欲誰歸。」自注云：「珞琭子曰：東金西木，定生五逆之男。僕命庚申日甲申時，政爲此爾。」梁詢誼仲經甫，絳州人，《哀遼東》一首云：「守臣肉食頭如雪，夜半羣胡登雉堞。十萬人家靡孑遺，馬蹏殷染衣冠血。珠玉盈車宮殿焚，娟娟少女嬪氊葷。路逢人語辛酸事，骨痛心摧不忍聞。我今來作遼陽客，入境臨風弔冤魄。遼水無聲遼地空，蕭蕭暮雨天垂泣。青綾慣睡直承明，偏裻縵胡不稱情。見説豺狼當路立，自憐烏鵲繞枝驚。安邊計策無何有，憂國形骸太瘦生。何日凱還思舊職，不才猶可薦咸英。」史舜元《哀王旦》一首云：「八月風高胡馬壯，胡兒彎弓向南望。鐵門不守犯孤城，失我堂堂仁勇將。將軍之起本儒臣，緯武經文才過人。墨磨楯鼻埽千字，箭射戟牙驚六軍。憶昔同時初上疏，明日東華聽宣諭。我從金轂東巡邏，公總干戈練征戍。三月和兵好始修，胡兵一夜襲通州。練衣出郭雖頻戰，氈帳沿河未肯休。將軍盡出兵如水，燒胡之車破胡壘。倒戈棄甲十萬人，亂轍靡旗三百里。金甲煌煌金印光，詔書命我守昆陽。然知人有百夫勇，可柰倉無一日糧。叛臣暗作開門策，一虎翻爲羣犬獲。胸中氣憤爆雷聲，頷下鬚張蝟毛磔。將軍雖死尚如生，萬里遥傳忠義名。昔聞陜右段忠烈，今見常山顔杲卿。棟折榱崩人短氣，平生況切同年義。試歌慷慨一篇詞，定灑英雄千古淚。」王旦者，昆陽守王子明也。余於《感懷》篇，著其無父子之道，亡國之本也；於《哀遼東》、《哀王日》篇，著其敗亡之迹，以見天道之好還也。因名集曰「文俘」而歸之云。

湯立賢無方，立者舉而建之於民上。然獨稱於湯者，唐、虞以來所用大臣皆世家巨族，未有如湯自畎畝中起伊尹爲師臣者也。

景祐中，梅中丞知昭州，嘗爲《瘴説》。其略云：「仕有五瘴。急催暴斂，剥下奉上，此租賦之瘴也；深文以逞，良惡不白，此刑獄之瘴也；昏晨酣宴，弛廢王事，此飲食之瘴也；侵牟民利，以實私儲，此貨財之瘴也；盛陳姬妾，以娱聲色，此帷薄之瘴也。有一於此，民怨神怒，安者必疾，疾者必殞，雖在輦下，亦不可免，何但遠方而已。仕者不知，而歸咎於土瘴，不亦謬乎？」此説深中士大夫之疾，道鄉鄒公志完爲詩以美之云：「市門隱去不知年，蔽芾甘棠蔭藥川。五瘴作時雖不染，一篇留誡豈其然。直須鏤板人皆與，庶使緜軀病可痊。更有奇方公未説，上醫醫國許心傳。」

虎丘之劍池不流，天竺之石橋下無泉，麓山之力，不副天奇；靈鷲擁前山，不可視遠；峽山亦少平地，泉出山無深潭。乃知物之全能難也，況求友擇人而欲責全邪？

蕭注，字巖夫，臨江新喻人。少有志氣，年十二，侍父之官康州，過悦城五龍廟，題詩云：「五龍兄弟古英明，今日拏舟過悦城。莫向茅茨久盤屈，早施霖雨活蒼生。」御史孔道輔謫官經從，見其詩，歎曰：「此子他日未可量也。」後登慶歷六年第。皇祐四年五月作番禺令，爲儂智高所困，遂突圍出，募海上强壯二千人與賊戰鬬，焚其舟，斬首五千級。諸道援兵入城，竟共殄渠魁。九月丙辰，注爲廣南東路都監，盜賊悉平，可謂詩言志矣。

李易安工造語，故《如夢令》「緑肥紅瘦」之句，天下稱之。余愛趙彦若《翦綵花》詩云：「花隨紅意發，葉就緑情新。」「緑情」、「紅意」，似尤勝於李云。

乙集卷上

呂東萊先生在麗澤書院，與諸生講《詩》至《南山》。前一日，諸生欲覘其師立言之旨，及東萊次日升堂誦《南山》之詩，終其篇，然後斷之曰：「《關雎》樂而不淫，若《南山》，樂而過於淫者也。」人皆以爲得體。

晉重耳少好士，年十七，有士五人，曰：趙衰、狐偃、顛頡、司空季子、魏武子。驪姬之禍遁於狄，時年四十三，又十二年乃去，之衛之齊，又五年之曹之楚，自秦而反；凡十九年，時年六十二矣。其流離逋竄，濱於死者數，然志不少衰。過楚時，成王饗之厚，曰：「子即反國，何以報寡人？」曰：「羽毛齒革、子女玉帛，即君土所餘，未知所以報。」曰：「雖然，必報不穀。」曰：「不得已與君王以兵會平原廣澤，請避王三舍。」其後卒能威諸侯，正中國，顯名於天下後世，此非獨得天也，實得人也，實不失所以立己也。故君子不患不得乎天，患失人；不患不得人，患不能自立。晉文之事雖無足道者，以其好士而進之云。

高祖入咸陽，王陵聚黨數千居南陽，不肯從沛公。及漢王還擊項籍，陵乃以兵屬漢。項羽取陵母置軍中，陵使者至，東向坐陵母，欲以招陵。陵母私使者曰：「願爲老妾語

校勘記

陵：善事漢，漢王長者，無以妾持二心。」遂伏劍而死。母，閭巷之賤，知存亡去就之大義，決死如歸，其視不嫁之共姜可無媿！范增爲羽上客，豈不知羽殘忍多忌，非人君之度，而從之與漢王爭？至其言皆不用，乃曰：「孺子不可與謀，奪天下者必沛公也。」其後疑閒一行，竟以疽死，何覺之晚耶？不及一婦人遠矣。周少隱責范之詩曰：「西楚興王亦有人，半扶炎祚作謀臣。老生不解歸明主，事去方知是失身。」

彭門左泗右汴，負抱齊、楚，古今豪傑登眺，寄慷慨於詩歌者，不可悉數。惟范司諫一首稍紀其全，云：「徐方舊鎮多興廢，懷古觀今思莫收。地勢北來連海岱，天文南轉接奎婁。亂華或見稱戎國，列號元聞屬禹州。官紀雲龍夫子學，水憑忠信丈人游。田文故邑高臺盡，靖節荒墳蔓草稠。楚、漢定雄分沛郡，姬、任爭長遜滕侯。館平石氏荆榛合，都廢韓王雉堞秋。劍斷白蛇終滅項，書傳黃石願封留。萬重山勢通河過，十里灘聲繞郭流。宫殿雲中分等級，笙歌空裏鬧哇謳。薛能愛上臺頭寺，白傅曾題燕子樓。若向彭門訪遺事，我詩吟誦當曾遊。」

朱文濟昇人善琴，入翰林待詔。舊琴七絃，阮五絃。太宗詔文濟與蔡裔皆益二絃，文濟以爲非是。上曰：「古琴絃五，增文武爲七，今孰曰不可？」文濟曰：「五絃猶有遺音，益之二已足。」上怒叱之，裔益絃如詔。又俾文濟鼓之，文濟辭不能。上益怒，獨賜裔緋。裔益富，文濟甚貧。上閒以金帛置於文濟旁，以新琴、阮命之，辭如初。復使中貴送二人詣相府，詔近臣同聽。文濟第以琴、阮中七絃作古《風入松操》。上以爲有守，終亦賜緋。文濟風骨爽秀，如神仙中人。上令供奉僧元藹寫其真留禁中，聖眷如此。余謂文濟以藝進，守其所學，震之以威而不慴，引之以利而不動，可謂有常者矣。今世假仁義之言，作慷慨之色，不肯在古人後，及臨威見利，外眩中喪，以失其身，此文濟之狗彘也。

明之象山士子史本，有木犀忽變紅色，異香，因接本以獻闕下。高廟雅愛之，曾畫爲扇面，仍製詩以賜從臣榮薿，云：「月宮移就日宮栽，引得輕紅入面來。好向煙霄承雨露，丹心一一爲君開。」復古殿又題云：「秋入幽巖桂影團，香深粟粟照林丹。應隨王母瑶池宴，染得朝霞下廣寒。」自是四方爭傳其本，歲接數百，史氏由此昌焉。蓋史本色深而香洌，移之外境，則香色俱殺故也。廬陵胡公榘嘗攝象山宰，賦詩云：「碎瓊揉香作肌骨，霽日吹紅染膚色。人間何處有此葩，一種風流初未識。東隅月户編三千，夜修玉闕瀛洲前。拂摇桂子偶墜地，雨露培植開華筵。史翁移根出蔥蒨，彫斛持歸紫微殿。一朝麗質冠百昌，御墨分題落團扇。何年流轉江南鄉，一本奚翅千金償。分枝接葉色已淺，縱有此花無此香。絶愛西山佳麗地，藹藹修林倚清吹。寧論斜日杏花酣，未許熙春海棠睡。是時含氣初高明，宇宙軒豁澄埃氛。青霞絳雪互點綴，濃芳鬱馥飄氤氲。鷲峰繁黄今不數，破衲山僧練裙女。試看香御擁紅雲，肅奉虚星遊碧宇。攜持寶鏡吹波金，寒光萬頃空人心。煩君控取紅鸞住，便恐香魂夜飛去。」一卉之微，香色稍異，能動至尊，入品題，且昌其主，可以人而不如木乎？

孔子曰：「不知命，無以爲君子。」蓋夫子之謂命，修己以俟天而已，非今日推算之謂也。唐李虚中始以人初生歲月日時測其十母十二子，相生相尅，以逆知人之貴賤休咎，若脈診疾、鑑燭形，無一毫錯，世由此遂以推算爲天命。本朝壽春馮貫道亦以年月日時逆勘禍福，鄒道鄉誦其驗，有若離婁之分白黑，師曠之聽鼓鐘。以故車馬常滿門。虚中、貫道，士大夫也，不能講明修己以俟天之説，而未免爲推算之歸。況有如今日售術之徒，如洪盤洲所謂瀲灩顔閒，夸誕足佞乎？余謂孔子於羣弟子中，惟於顔淵曰「不幸短命死矣」，於冉伯牛曰「亡之，命矣夫」，可以言命也。若仲由之行行，若不得其死，然猶不足以言命。今世之推算者當如何？

《太公兵法》所謂十二節者，有曰：「養其亂臣以速之，進美女淫聲以惑之。」余謂太公老遇文王，孟子比之聖人，夷攷當時相文、武之兵，曰戡黎，曰侵阮，曰肆伐大商，不過戎車虎賁三百，五伐六伐而止耳。曷嘗窮兵黷武，爭殺變詐，如後世行詭道哉？況亂臣、美女之計乎！今好兵者必以太公藉口，又以權衡機策著而爲書，是汙文、武，是累太公，是侮聖人。吁！余未之盡信。

高沙甓社湖産徑寸珠，爲淮至寶。龔文伯炳世居湄之南焉。文伯手鈔經史，心苦學問，一話一言，悉主乎正。世傳其詩一聯云：「萬事無心閒日月，一杯有味小公侯。」其輕富貴、賤名利，立志已可尚。然篇不得其全，近乃見之。云：「年逾八袠雪蒙頭，時對親朋話舊遊。萬事無心閒日月，一杯有味小公侯。癡兒矗爾逃譏議，家訓從來戒刻掊。世道漸艱宜勇退，爲吾閒早理松楸。」味之，則持身教子，居易俟命，於道尤深知。今有子基先入上庠，登進士第，出入中外，持節把麾，將大有爲於世。文伯教忠之所致歟？亦地靈而人傑也。

洪覺範於《猩猩筆》詩中「平生幾兩屐，身後五車書」，謂魯直本用阮孚「人生能著幾兩屐」之句，以下句非全，改「人生」爲「平生」。且曰若以「人生」對「身後」，豈不佳哉？余謂山谷豈不知「人生」「身後」是佳對，蓋猩猩不可言人，故改之耳。「老妻畫紙爲棊局，稚子敲針作釣鉤」，此蓋言士君子宜以直道事君，而當時小人反以直爲曲故也。覺範今以妻比臣，稚子比君，如此則臣爲母，君爲子，可乎？何不察物理人倫至此耶？人言覺範爲僧中龍，恐非。

史越王浩，隆興元年拜平章事兼樞密使，都督江淮軍馬。張浚與浩俱在上前議邊事，浚請上幸建康。上顧浩，浩曰：「萬乘一動，有名則可。以臣觀之，曰親征乎？曰勞軍乎？曰移蹕乎？今日兵力未盛，民力未蘇，財力未足，三者俱未可。謂之親征而動大軍，則虜必以大軍應我，是無故而招數十萬人寇邊，謂之勞軍，則用度當如上皇時。當時費緡錢數百千萬，其他可知，六軍聞之必喜，所賜不如前日，必怨望矣。若曰移蹕，未審陛下自與六宫以往乎？借曰上皇欲往，則未有德壽宫，且未知上皇意向。臣料上皇未必行也。上皇不行，陛下安得與六宫往乎？上皇不行，乃是親征，即非移蹕。若曰親征，則有功乃歸乎？不待有功而歸乎，三者皆未可也。陛下父慈子孝，今日豈可跬步相離耶？」上始悟，謂浚曰：「都督先臨邊，俟有功，朕何憚行？」浚又欲取山東，又欲取費於民，如燕山錢、免夫錢，浩力爭之。浚自請於上，由是三省樞密院徑以金字牌自命諸將出兵，外廷莫之知也。五月戊戌，浩得邵宏淵狀，準御前金字牌，奉聖旨擇日進兵，始知四月甲午，師已渡淮矣。浩大驚，謂康伯曰：「今出兵數日，吾人俱以宰相兼樞密使而不得與聞焉，焉用相？」上表力辭，乃除浩提舉洞霄宫。十有四日，符離失利，大軍十三萬一夕奔潰。上降詔，哀痛罪己。六月，浚上表自劾。余謂浚非不忠也，特太急耳！浩可謂責難於君者矣，可謂見遠識微之士矣，可謂得鎮撫四夷之體矣。是可爲師出無名之戒云。

周邦彦，字美成，自號清真。二百年來以樂府獨步，貴人、學士、市儇、妓女知美成詞爲可愛，而能知美成爲何如人者，百無一二也。蓋公少爲太學内舍選，年未三十作《汴都賦》，鋪張揚厲，凡七千言，奏之。天子命近臣讀於邇英閣，遂由諸生擢太學正，聲名一日震耀海内。神宗上賓，哲宗寘之文館，徽宗列之郎曹，皆自文章而得。至於詩歌，自經史中流出，當時以詩名家如晁、張，皆自歎以爲不及。姑以一二篇言之，如《薛侯馬》云：薛侯，河東土豪也，以戰功累官左侍禁。西方罷兵，薛歸吏部授官，帶所乘騂馬寓武城坊，經年不得調，羈馬庳屋下。馬怒，敗主人屋，時時蹶碎市販盎器。薛悉賣裝以償，傷己阨屈，因對馬以泣。鄰居李文士因之爲薛作傳，同舍賦詩者十一人，僕與其一。薛侯俊健如生猱，不識中原生土豪。蛇矛丈八常在手，駱馬蕃鞍雲錦袍。往屬嫖姚探虎穴，狐鳴蕭蕭風立髮。短韉淋血斬胡歸，夜斷堅冰濡馬渴。中都久住武城坊，屋頭養駱如養羊。枯萁不飽籬壁盡，狹巷怒蹶盆盎傷。只今棲棲守環堵，五月涇風柔巨黍。千金夜出酬市兒，客帳晝眠聽戲鼓。邊人視死亦尋常，笑裏辭家登戰場。銓勞定次屈壯士，兩眼熒熒收淚光。齒堅食肉何曾老，騙馬身輕飛一鳥。焉知不將萬人行，橫槊秋風賀蘭道。如《天賜白》云：永樂城陷，獨王湛、曲真夜縋以出。真持木爲兵，且走且戰，前陷大澤中。顧其旁有馬而白，暫騰上馳去，五鼓達米脂城，因以得脱。真名其馬爲「天賜白」。蔡天啟得其事於西人，邀余同賦。君不見書生鐫羌勒兵入，羌來薄城束練急。蠟丸飛出辭大家，帳下健兒紛雨泣。鑿沙糾石終無水，擾擾萬人如渴蟻。挽絙竊出兩將軍，虜箭隨來風掠耳。道旁神馬白雪毛，嚛口不嘶深夜逃。忽聞漢語米脂下，黑霧壓城風怒號。脱身歸來對刀筆，短衣射虎朝朝出。自椎雜寶塗箭創，心折骨驚如昨日。穀城魯公天下雄，陰陵一跌兵力窮。檥舟不渡謝亭長，有何面目歸江東。將軍偶生名已弱，鐵花暗澀龍文鍔。縞帳肥芻酬馬恩，閒望旄頭向西落。若此凡數百篇，豈區區學晚唐者可及耶？樓攻媿謂其《磬鏡》、《烏几》之銘【一】，可與鄭圃漆園相周旋，而《禱神》之文，則《送窮》、《乞巧》之流亞。

【一】謂其磬鏡烏几之銘　「磬鏡」，原作「聲鏡」，據《攻媿集》卷五一《清真先生文集序》改。

不爲溢美矣。擬清真者，又當於樂府之外求之。

《沈約傳》云：性不飲酒，雖時遇隆重，而居處儉素。老病數旬，革帶常移孔，以手握臂，率計月小半分。今世歌詠者必曰「沈腰憔悴」，皆多欲所致。以星歷攷之，牽牛去織女隔銀河七十二度，古詩云：「盈盈一水間，脈脈不得語。」又附會以爲淫，吾未見好德如好色者也。

《振鷺》載於《詩》，杜樊川以風標公子目之，丰度非凡禽比，可見矣。入詩人之詠者多，如文與可兩絶，清拔可喜：「頸細銀鉤淺曲，脚高緑玉深翹。岸上水禽無數，有誰似汝風標。」又云：「避雨竹間點點，迎風柳下翩翩。靜衣寒蓼如畫，獨立晴沙可憐。」近今寧海方元善岳一絶云：「聳兩吟肩似我愁，菰蒲葉下一身秋。谿風昨夜吹魚落，飛過前灘看水流。」亦佳甚。嘗著《梅史》行於世云。

《蠱》之上九：「不事王侯，高尚其志。」《象》曰：「不事王侯，志可則也。」夫道義之士，獨立萬物之表，若不可以一毫外物動其心，然豈恝然忘天下，不與世同其憂哉？蓋隱居所以求其志耳。伊尹三聘而成格天之功，孔明三顧而定興漢之計，重道義乃若是。今百世而下，聞其風者莫不興起，其志豈不可爲世則？大抵富貴功名先入其心者，不可與圖天下之事也。

戴石屏之父東皋子，平生喜吟，身後無遺藁。石屏能昌其詩，遂搜羅，僅得《題小園》

一律云：「小園無事日徘徊，頻報家人送酒來。惜樹不磨修月斧，愛花須築避風臺。引些渠水添池滿，移箇柴門傍竹開。多謝有情雙白鷺，暫時飛去又飛回。」乃刊於《石屏集》之首。宋西園之父厲齋居士，平生好吟，亦無遺藁。西園能續父鐙，因旁搜，亦僅得二絶。賦《食米倉》云：「陋巷顔回獨屢空，生涯惟在一瓢中。太倉腐粟雖山積，非義寧甘君子窮。」賦《養蠶》云：「男必耕耘女必蠶，古人尚爾我何貪。浴沂時候成春服，歌詠來歸道味甘。」亦刊於《西園集》之首。二君之詩雅正同，遺篇之多寡同，二君之子能傳其業同，而發揮前人之美亦同。使二君之子而弗肯堂，二君豈能流芳哉？近日詩家子弟失其業者不可數，故李梅亭云：「宗文、阿買輩，於是有媿。」信然！

熙寧末年旱，詔議改元，執政初擬「美成」。上曰：「羊大帶戈，不可。」又擬「豐亨」，上曰：「亨字爲子不成，惟豐字可用。」改元「元豐」。因攷《字説》云：「止戈爲武。花者，草木之化。人者，專於孝，而有文者謂之教焉。元者，太初之中氣，能固其元，則爲完固之完，殘其所完，則爲寇矣。」昔人有是説也。今言命者有曰：「丑爲破田，戊爲負戈，丙丁爲平頭，辛卯甲申爲懸針。」亦取《字説》。常以滕强恕命攷之，丙戌、丙申、丙戌、丙申平頭矣，官至侍從而無子。金輝命攷之，甲午、辛卯，甲午、辛卯懸針矣，故初爲海寇，三遭決配，後爲都統制，贈武義大夫。二官人之命且若是，況朝廷一年號之重乎？《字説》亦不可不攷。

昌黎伯和裴晉公《東征》詩云：「旗穿曉日雲霞雜，山倚秋空劍戟明。」蓋以我之旗況彼雲霞，以彼之山況我劍戟，回鸞舞鳳格也。王勃《滕王閣記》云：「物華天寶，龍光射牛斗之墟；人傑地靈，徐孺下陳蕃之榻。」蓋一句之中，物華、天寶，龍光、牛斗自爲對，謂之帖身對也。鄭谷《弔僧》詩云：「幾思聞靜話，夜雨對禪牀。未得重相見，秋鐙照影堂。」以後二句對前二句，扇對也。《月中桂》詩云：「根非生下土，葉不墜秋風。」《山行》云：「閒尋樵子徑，偶到葛洪家。」《僧遷居》云：「住山今十載，明日又遷居。」蓋以「下土」「秋風」，「樵子」「葛洪」，「遷居」「十載」，假對也。《懷古》云：「經來白馬寺，僧到赤烏年。」借對也。趙紫芝云：「近方辭地肺，本自住天台。」及「子午谷」、「丁卯橋」，「琴心」、「帶眼」之類，的對也。余嘗因是以「糟甲」對「蜜丁」，「山龜」對「軒鶴」，「瓶儲縣令元無粟，紙裹書生不識錢」，「赤幟城邊生廣武，白書樹下死龐涓」，「日晷覺都無卯酉，書偏看不到辛壬」，蓋不但的對，而人品事類亦相當。體格不止此，觸類而長之可也。

王晉公祐創第京師曹門外，手植三槐於庭，曰：「子孫必有登第爲三公者。」已而魏公果爲太保。歐陽文忠公作《魏公神道碑》首載此語，人因以「三槐王氏」稱之。韓漕使元吉，祖居京師之惠政坊，植桐於門，歲久木大且異，人遂以「桐木韓氏」稱之。後著《桐陰舊話》十卷。王氏有別族居建康馬糞巷，人俱號爲「馬糞王」。子曰：「擇不處仁，焉得智？」信君子所居不得不擇也。今槐桐之美，馬糞之汙，厥監不遠。

李華《弔古戰場文》本於庾信《哀江南賦》，韓愈《送窮文》本於揚雄《逐貧賦》，李白《大鵬賦》本於司馬相如《大人賦》，而相如《大人賦》又本於屈原之《遠遊》，皮日休《桃花賦》殆出於舒元輿《牡丹賦》。若柳宗元之《乞巧文》、劉禹錫之《問大鈞》，則同時而暗合者也。

乙集卷下

「地上有水，比。先王以建萬國，親諸侯。」蓋天下之至相比，而無閒可入者，莫如水之與地。先王之民所以親其上，死其長，歷數百年不可亂者，其上下之相比，蓋如此其至也。然其所以能如此者，亦豈徒善而已哉？必有法焉，封建是也。夫建萬國，則萬國之民各比於其君。親諸侯，則萬國合爲一，以比於天子。此其所以相維相附，若綱在綱，深根固蔕，不可動摇，而後此道成也。後世之郡縣異於是矣。聖人於比之象，特發其義。而儒者多以封建爲聖人不得已，且自附於柳宗元之説，夫豈未之思乎？

世論多以阮籍爲放曠不羈之士，守禮法者羞言之，蓋以迹觀，而不以心察之也。余見其沈湎不理，若與世違，然觀漢、楚戰場則曰：「時無英雄，使稚子成名。」豈忘慮於世變哉？口不臧否，然待人以青白眼，豈無意於人物哉？居喪飲酒食肉，然慟哭則嘔血數斗，豈不情於哀慼哉？當其王室不競，强臣擅威，戮大臣如刺犬豕，故張華、衞瓘以清直死，嵇康以高簡死，王衍以清談死，陸機、陸雲以俊才死。至文帝將求婚，鍾會欲詢以時事致之罪，而籍終皆以沈湎避。其察微見遠，寄託保身，非高出數子之上，其能脱屣於禍穽哉？吁！善觀人者，當攷其迹而逆察其心，乃可也。

四明昌國縣東有洩潭，依據山腰，深淺不可測。宣和中，旱甚，簿尉劉泌投詩於潭，曰：「未躍天衢卧寂寥，碧潭流溢海山腰。埋藏頭角雖多日，鼓動風雷在一朝。既若有心成變化，豈能無意澤枯焦。神蹤許爲蒼生起，願奮威靈上九霄。」詩沈而雨作，時人異之。詩能動天地、感鬼神，其此之謂歟？

唐元次山承詔詣京師，至汝上，逢山龜亦承詔詣京師，遂與山龜一例乘郵而至。因上書韋陟尚書，願不以結齒於山龜，而以士君子之禮見。吁！在次山進退則甚輕，軒鶴之禍所稔則甚重，可不鑒諸！

樊噲起屠狗，一健將耳，而其諫留秦宫，誚責項羽鴻門，排闥見帝以强高祖之暮氣，當時諸公所不能者，亦豈易薄哉？還軍灞上，此最高祖全身以得天下之機，微噲之諫，子房之助，吾知其不免矣。方項羽降章邯於河北，意輕沛公，豈謂能先入關哉？及關而關閉，然後乃知沛公已得秦而拒之，此其追恨懷王，忿忿於沛公者，毒矣。有如復先據其宫室、貨寶、子女，而一無推遜之形，可以自解説，則旦日合戰之禍，雖有子房、項伯，誰能救之？故觀秦之富貴而勿之顧，而秦人信其廉；封府庫足以自解，而項羽亮其誠；宜取不取，聽命於項氏，使項氏私之，而天下多其直。此吾所謂全身以得天下之機，特發於噲之一言，孰謂市屠之子智反若是耶？

《金城記》黎舉常云【一】：「欲令梅聘海棠，棖子臣櫻桃，以芥嫁筍，但恨時不同耳。」

【一】金城記黎舉常云　「舉常」，原作「常舉」，據《御定佩文齋廣群芳譜》卷一四乙正。

若牡丹、荼蘼、楊梅、枇杷盡可以爲友。」爲此説者，如或有用，吾知其必善銓量人物也。洪盤洲《海棠詩》云：「雨濯吴妝膩，風催蜀錦裁。自嫌生較晚，不得聘寒梅。」正用前語。

讀《四牡》之詩，當思君臣之義；讀《棠棣》之詩，當思兄弟之義；讀《伐木》之詩，思朋友之義；讀《采薇》之詩，思征伐之義。有爲者亦若是，乃可也。師曰：「未讀《論語》，是這般人；讀了《論語》，尚只是這般人。便是不曾讀《論語》。」學詩者，豈晚唐五字云乎哉？

羊叔子登峴山，慨息謂鄒湛曰：「由來賢達勝士登此遠望，如我與卿者多矣，皆湮没無聞，使人悲傷。」湛曰：「公德冠四海，道嗣前哲，令聞令望，必與此山俱傳。若湛輩，乃當如公言耳。」余觀叔子，當時捡吴之功未就，難得之歲易流，登臨有感，恐事不成而名無聞。叔子之歎，豈兒女子之歎耶？湛不能於此時壯其辭氣，以激昂叔子之志，相與發憤，戮力共事，而進溢美之辭，以求容悦。安知叔子之歎在彼而不在此也？

道士林靈素以方術顯於時，有附之而得美官者，頗自矜驕。或有作《靈素畫像詩》云：「當日先生在市廛，世人那識是神仙。只因學得飛昇後，雞犬相隨也上天。」

曲帥端統兵日，有叔父必欲居將列，以功名自見。力止之，不聽，遂以偏將出戰，後竟敗歸。端勞傷撫殘之餘，軍正以將叔敗告，謂當伏誅，不免委諸法。既誅矣，端乃成服發喪，其祭文曰：「嗚呼！斬叔者涇原統制，祭叔者姪兒曲端。尚享！」士莫不畏服。又方秦丞相殺諸公時，趙公鼎薨於謫所，有名士大夫遣祭於道閒。秦聞而索之，將羅織以罪。而其文止敘年月日，具位姓名，致祭於某官之靈，嗚呼哀哉尚享而已。秦竟不得而罪焉。

李龍眠有别墅，堰流繞之，名曰「璇淵館」。館有亭曰「讀真」，蓋取龍安山主懷嵩曾於此日讀《太真經》也。林和靖題詩其上云：「僧廬荒落背秋城，百尺寒梢子滿庭。俗客不來高睡足，焚香應讀《太真經》。」此絶今集所遺。

蘭亭之茂林修竹足以益右軍之美，而平泉之草木不足以貸贊皇之辜。午橋之煥館涼臺足以佚晉公之老，而金谷之池亭不足以蓋季倫之愆。信乎！園池臺沼儻無清德以將之，而不知所以樂其樂，則自簪芳醉醲之外無它適，自梏安攖惰之餘無異趣，鮮不贊皇、季倫若也。

建炎樞密聶昌，臨川人也。上庠釋褐出身，元名山，御筆改今名。朝廷令往河北割地，粘罕須昌撤傘而後見，昌云：「彼此皆王臣也，平交耳，安有撤傘之禮？」竟不從。粘罕亦莫之屈。當時河北百姓不肯割土，昌因與虜爭，戰死河北。聖恩軫其忠，謚曰「榮愍」，見《東都事略》。昌死未幾，於東京相國寺廊壁題詩云：「星流一箭五心摧，電掣戈矛兩脅開。車馬亂中顱項碎，烏鳶啄後骨成灰。有身報國今償志，無計歸家謾舉哀。寂寞孤魂何處託，冥冥空築望鄉臺。」字畫儼然如昌親染，見者皆憫之。昌子爲湖北帥司參議，孫周臣爲市舶提舉，曾孫濟爲高郵主簿。忠魂英氣，已死猶生，而聖朝賞延不絶，豈負人也哉？

《春秋·桓公十一年》：「十二月，鄭師伐宋。丁未，戰於宋。」杜氏云：「既書伐宋，又書戰於宋者，以見宋之無信也。」余謂不然，蓋宋諱敗耳。《春秋》爲魯諱則可，若居將帥之任，受閫外之寄，小勝則告捷而邀功，大敗則不言，諱過而避罪，是欺君也。孰謂君可欺乎？

行都城北五十四里，臨平湖岸有山，山有景星觀，觀有丘真人祠，祠有丹鑪。丘本唐人，仕嘗爲郎，棄官學道，於此飛昇。顧況訪之，有詩曰：「五月五日日正午，獨自騎驢入山隖。來到君家不見君，下驢倚杖叩君户。驚起山童開竹扉，黄犬摇尾銜人衣。試問先生往何處，云入山中采紫薇。平明一去今未歸，引我池中看釣磯。池中數箇白鷗兒，見人慣後癡不飛。待君歸來君未歸，卻復騎驢下翠微。」句句可圖繪也。

孟子聞樂正子爲政，喜而不寐。門人問其所以喜，則曰：「正子好善，優於天下。」一不好善，讒諂面諛之人至，國欲治，可得乎？蓋小而郡守，大而監司，上而宰相，有直諒多聞之士爲司幕寮屬，相與咨諏，相與扶持，相與講明，相與贊助，是所以爲善也。若日坐於僉廳者，惟固寵是謀，奉承上意，書擬遷就，是不好善，是讒諂面諛之人矣。范文正公曰「僉幕須得可爲我師者爲之」，正孟子之意也。

有號楚客者，以能詞居淮東。余嘗於馮深居寓館見十數解，皆淫麗不則之句，初無止於禮義者。其死也，淮安守些之云：「一從楚客死，淮山無顔色。」吁！長淮富英奇，其來尚矣。蒙衝一炬，老瞞褫魄，非盧江周瑜而誰？正色一叱，六館震驚，非歷陽何蕃而孰？相楚三月，吏無姦邪，期思叔敖也。守蜀數年，俗好文雅，舒人文翁也。桐鄉嗇夫，治行稱最；居鄛亞父，計謀多奇；河南二程，道學宗師，而生黄岡；包、馬二公，人物冠冕，而生肥水。它如山陽徐積、淮海秦觀，或以孝節稱，或以才學顯，不可悉數。近世如龔先、董槐、丘崈、章掞、陳夢斗、焦炳炎，皆以次能謀國者，又層見疊出。皆山川孕秀，神祇祥符，奚獨以楚客之存亡而爲輕重耶？因賦一絶云：「淮邦産寶皆奇士，楚客能詞只小夫。些語淒涼君自感，未應山色獨闕渠。」

郴之桂陽縣東有廟曰「九江王」，所祀之鬼乃英布、吴芮、共敖也。紹興閒，劉頜爲守【二】，乃謂九江王，項羽所僞封，芮、敖追義帝而布殺之。放弑之賊，豈容廟食，遂毁之。荆門有伍子胥廟，南軒張先生首平之。蓋子胥，吴視之爲忠，楚視之爲讐，尚安得血食於梟惡之地耶？劉、張所見前後契合，偉哉！

明之慈谿縣西北有慶安寺，寺之前有古松夾道，緜亘數里，望之如蒼雲。其一最巨而奇，蜿蜒若龍飛，偃如蓋，臨池之上。寺後有泉出於深谷。僧以巨竹連筒引行數里，支分於松下石池，溢入於谿。舒龍圖亶有詩云：「門前屏障繞潺湲，付與林僧夜定還。松蓋

【二】劉頜爲守　「頜」原作「頡」，據《豫章叢書》本、《四庫全書》本、《蟫精雋》卷一《彈范蠡文》改。

圖，我亦鳳皇臺上客，圖作雲遮十里，竹龍行雨出千山。白公香火蓮開後，謝氏池塘草夢閒。我亦鳳皇臺上客，圖閑卻笑未能閑。」其後，邑長沈時升有造舟之役，睥睨茲松，將斤焉。里士馮文學覕作詩以遺沈，賴以不伐，松因詩而壽焉。曰：「寒松一幹老蒼蒼，古寺門前歲月長。匠伯偶圖舟楫利，禪翁方患斧斤傷。得全此日同齊櫟，勿翦他年比召棠。可但與君期久遠，相將俱列大夫行。」

元祐初，起范蜀公於家，辭表云：「六十三而致仕，固不待年；七十九而造朝，豈云知禮？」史越王有表，中自序云：「逡巡歲月，七十有三。補報乾坤，萬分無一。」語意相類。

白石姜堯章奇聲逸響，率多天然，自成一家，不隨近體，有《詩説》行於世。三數十年來，曾景建、劉改之、張韓伯、翁靈舒、趙紫芝、徐無競、高菊磵諸公俱已矣。自餘以詩鳴者，皆非能專傳白石之鐙。惟番陽張東澤受訣白石，攻研澄潔，駸駸欲遡太白而上之。余嘗謂東澤家本二千石，而瓶不儲粟，身本貴遊子，而癯如不勝衣；舉世阿附，而日夜延騷人韻士，論説古今；客退吟餘，寄趣徽軫，曾不一毫預塵世事。蓋所養相似，所吟亦不相違，信詩人之不得不尚友師也。

司馬遷謂袁盎仁心爲質，引義慷慨。余謂盎陰持變詐、陽爲忠直之人耳。盎與鼂錯有隙，七國之變，盎獨宣言於廷曰：「不足憂也。」疑若有必勝之策。及景帝屏人語，但言斬錯以謝七國，則兵可不血刃而罷。及既斬錯，而七國之兵亦不退，是假天子之威以報私怨耳，豈仁心耶？

安禄山之亂，哥舒翰與賊將崔乾祐戰潼關，見黄旗軍數百隊，官軍以爲賊，賊以爲官軍，相持久之，忽不知所在。當時昭陵奏陵内是日，石馬皆汗流。故李義山美李晟平朱泚詩云：「天教李令心如日，可待昭陵石馬來。」余謂詩固佳矣，豈可待石馬來耶？嘗在京口有客傳《賀新郎》一曲，乃爲東閫趙先生壽者，奇甚：「天意扶炎宋，爲吾皇，維衡嶽孕，長沙星夢。社稷動庸天地窄，不數智名功勇。要自有，胸中妙用。擎著東南天一柱，看邊民，買犢歸耕種。官職易，此身重。　黄封已見傳宣送，恰春來，洪鈞初轉，紫樞歸拱。歲歲玉樓春暵處，慧質明妝環擁。正弟勸兄酬歡動。一寸丹心堅似鐵，待磨崖，勒就浯谿頌。龍尾道，接天踵。」余謂奇則奇矣，然當今九重奠枕東閫，坐鎮淮右，豈宜更待勒浯谿之頌耶？《傳》曰「盡美矣，未盡善也」，此詩此詞之謂歟！

《容齋隨筆》云：「今之州縣，移徙改割，往往或失其故名，或州異而縣不同者。如建昌軍在江西，而建昌縣乃隸南康；　南康軍在江東，而南康縣乃隸南安；　南安軍在江西，而南安縣乃隸泉州；　鬱林爲州，鬱林縣隸貴州；　桂陽爲軍，桂陽縣隸郴州。」余因攷之《西漢·地理志》所載縣名，重復亦多，如清河、臨淮之兩東陽，東海、臨淮之兩開陽，齊及東萊之兩臨朐，濟南、南陽之兩朝陽，潁川、汝南之兩定陵，平原、瑯琊之兩平昌，臨淮、東萊之兩昌陽，武都、五原之兩武都，鉅鹿、常山之兩曲陽，五原、代郡之兩安陽，山陽、泰山之兩平陽，代郡、勃海之兩平舒，清河、定襄之兩武城，以至泰山、東郡、東海、犍爲之爲武陽者四，又不可不知也。

黄東浦題二十四字於寓居壁間，云：「氣韻閒曠，言詞精省，威儀端潤，動作詳雅，酬應温恪，接納謙洽。」字畫宏楷。每訪之，一見使人肅然加敬，前輩踐履蓋如此。

寫照非畫科比，蓋寫形不難，寫心惟難，寫之人尤其難者也。夫帝堯秀眉，魯僖、司馬亦秀眉；　舜目重瞳，項羽、朱友敬亦重瞳；　沛公龍顔，嵇叔夜亦龍顔；　世祖日角，唐高祖亦日角；　文皇鳳姿，李相國亦鳳姿；　尼父如蒙魌，陽虎亦如蒙魌；　竇將軍鳶肩，駱賓王亦鳶肩；　楊食我熊虎之狀，班定遠乃虎頭；　司馬懿狼顧，周嵩乃狼抗。若此者，寫之似足矣，故曰寫形不難。夫寫屈原之形而肖矣，儻筆無行吟澤畔、懷忠不平之意，亦非靈均。寫少陵之貌而是矣，儻不能筆其風騷沖澹之趣，忠義傑特之氣，峻潔藻麗之姿，奇僻贍博之學，離寓放曠之懷，亦非浣花翁。蓋寫其形必傳其神，傳其神必寫其心，否則君子小人貌同心異，貴賤忠惡，奚自而别，形雖似何益？故曰寫心惟難。夫善論寫心者，當觀其人，必胸次廣，識鑒高，討論博。知其人，則筆下流出，閒不容髮矣。儻秉筆而無胸次，無識鑒，不察其人，不觀其行，彼目大舜而性項羽，心陽虎而貌仲尼，違其人遠矣。故曰寫之人尤其難。本朝士大夫游戲筆墨者，自坡仙、叔黨、文與可、楊補之、米元暉、廉宣仲而次，遺墨皆爲世寶。二十年來，徐抱獨、蘇希亮、高菊磵、趙子固、周肖白亦各寄興於畫，世亦爭傳。惟寫照入神，今僅葉苔磯一人而已。蓋苔磯讀唐詩數百家，落筆有驚人句，日與褒、鄂人物遊，凡江湖吟人未識則討論之，既識則寫之。今積數卷，每一卷舒，如親與諸吟人談笑觴詠，窮達夷險，洞見肺肝，皆不能隱，真寫心者矣。唐摩詰，詩人也。前輩謂其「畫中有詩，詩中有畫」，其與苔磯同一志趣歟？故曰寫照非畫科比，寫形不難，寫心惟難，寫之人尤其難者，良有以也。

《詩》云：「涇以渭濁」，東坡云「涇水一石，其泥數斗」，是涇不自知其濁，而反以渭爲濁也。惟杜少陵曰「回首清渭濱」，深得其旨。馮深居題道士鄭渭濱詩卷云：「江湖曾是飲清波，筆染霜華秋最多。夢裏誦君新句好，覺來無奈月明何。」

竹爲植物，出地不膚寸，與凡草木同，及解籜，柯葉橫出，榦三四丈，畸焉！蓋凡卉，秋受霜，冬被雪，槁折毁裂如無生。獨此君方嬋娟整秀，坐視霜雪而自若。豈凡草木比哉？故君子亦若是，平居應接交遊，詡詡怡怡，若庸人也；倏事有不可於心，人皆戚戚，我獨愕愕，物悉流矣，身獨止焉。是亦此君之不以霜雪而改柯易葉也。子猷曰「不可一日無此君」，蘇長公曰「無竹令人俗」，豈爲觀美耶？借竹以養性，不爲俗子之歸耳。古今詩人風流意度，清節高趣，政自不凡，如竹可愛，使人一見，灑然意消。余得俗子之詩曰：「俗子俗到骨，一揖已溷人。不知此曹面，何得有許塵。」正子猷、長公之所畏避呼者也。

《顏氏家訓》云：「江南閭里閒，士大夫有不學者，羞爲鄙樸，道聽塗説，强事飾辭，呼徵質爲『周鄭』，謂霍光爲『博陸』，上荆州必稱『峽西』，下揚都要云『海郡』，言食則『餬口』，道錢則『孔方』，問移則『楚丘』，論婚則『燕爾』，及王則無不『仲宣』，語劉則無不『公幹』。若此之類，轉相祖述，謡以傳謡，問之則不知源流，施之則時復失所，殊可笑而不可化也。」平江里巷傳習呼營妓之首曰「丁魁」、「朱魁」，謂城之門曰「閶闔」、「齊闔」。若然，則「黄魁」、「衛魁」，貴賤不分，雌雄莫别，而湧金闔、候潮闔與函谷闔、大散闔雜稱之，亦莫知是何地頭矣。是亦可笑而不可化者矣。

跋

《藏一話腴》甲乙集四卷，宋陳郁藏一撰。藏一，字仲父，臨川人，理宗朝充緝熙殿應制，又充東宫講堂掌書，始末略見其子世崇《隨隱漫録》中。是書分甲乙二集，又各分上下卷，多記南北宋雜事，閒及詩話，亦或自抒議論。岳倦翁序曰：「陳藏一以詩文名世，真西山、劉漫堂、陳習庵交稱之。今觀所述《話腴》，博聞强記，出入經史，研考本末，具有法度，而風月、夢怪，洗淨無遺，乃知三君子可謂巨眼。」其中所采詩文，如馬融之《圍棊賦》、洪平齋《草真相制》、岳鄂王《謝收復河南赦及罷兵表》、范司諫《彭城詩》、周美成兩詩，均極佳。《古今説海》《學海類編》止刊一卷，均不全。此本分甲乙，上下卷，又經常熟王振聲以汲古閣藏本勘定，訛字較少。惟汲古本甲集爲卷上，乙集爲卷下，他本又分内外編，爲上下四卷，所編雖不同，書則無異也。歲在閼逢攝提格，烏程張鈞衡跋。

⊙俞文豹撰

吹劍録

許沛藻　劉　宇　整理

點校説明

《吹劍録》，共四録，俞文豹撰。文豹字文蔚，括蒼（今屬浙江）人。寧宗開禧丁卯（一二〇七），舉浙江漕試副榜（《吹劍三録》）。仕宦失意，僅在多處官府作幕僚，所以他自己説：「余有三恨：一無子，二無助，三無成。抱茲苦心，娱以文字。」（《吹劍四録》）。「吹劍」一詞，取《莊子》「吹劍首者，映而已」，以其名書，謂無韻也。《吹劍録》涉及文、史、經學、文字等領域。其見解多新穎，經常佚出當時傳統的認識，所以被四庫館臣譏爲「持論偏駁，多不中理」。至晚年，文豹心漸平和，四録「蓋其晚年之所作，故學問既深，言多醇正，其記道學黨禁甚詳……亦未始非平心之論也」（《四庫全書總目提要》）。實際綜觀全書，不失爲可參攷的史料。

此次整理，以俞氏自序有「與續集并刊」及「續三爲四」之言，故依成書順序，標爲《吹劍録》、《吹劍續録》、《吹劍三録》、《吹劍四録》，統稱《吹劍録》。所用底本，首録爲上海圖書館藏明鈔本、續録爲商務印書館《説郛》本、三録爲張宗祥手録本、四録爲《知不足齋叢書》本，校以《讀畫齋叢書》本（簡稱讀畫本）、國家圖書館藏明鈔本（簡稱國圖本）、文淵閣《四庫全書》本（簡稱四庫本）、上圖藏《明鈔五種》叢書本（簡稱明鈔五種本），並參校了相關史籍。

序

此編已刊行，板留書肆，不可復得，因删舊添新，再與續集並刊。

余以文字之緣，漫浪江湖者四十年，乃今倦游，索居京國，應酬簡省，心跡稍寧。東坡詩：「惟有王城最堪隱，萬人如海一身藏。」因名所居爲「堪隱」。掩關守泊，條理故書，以昔見聞與今所得，信筆録之。《莊子》云：「吹劍首者，吷而已。」吷，許劣反，謂無韻也。

淳祐三年人日，括蒼俞文豹文蔚序。

孔子曰：「加我數年，五十而學《易》，可以無大過矣。」蓋學到則理到，年長則識長。

胡文定作《春秋傳》凡四十年，屢删屢改，及書成，舊録存者無幾。

温公歸洛講《孝經》，有二父老往聽講，持簞食豆羹以獻，公爲享盡。講《庶人章》，講畢，父老請曰：「自天子至士皆有詩，庶人獨無，何也？」公不能答。

「十室之邑，必有忠信如丘者焉，不如丘之好學也。」何晏注：「焉，於虔反，屬下句。」「子在，回何敢死。」包氏注：「已無所敢死。」是以敢爲勇，疑於鑿。

「自反而不縮，雖褐寬博吾不惴焉；自反而縮，雖千萬人吾往矣。」晦庵解以縮爲直，於義未安。按《廣韻》注曰：「斂也，退也。」謂自反而不能退縮，是有鬬心也，雖褐寬博亦不惴焉；自反而能退縮，雖千萬人在前，我無競心，往亦無害。

「入則無法家拂士」，當如《詩》「四方以無拂」。音咈，謂其忠鯁咈逆人意，足相儆戒。若依注作「弼」字，則凡有位者皆弼士，何足與法家、敵國並言。

萬章問：「帝之妻舜而不告，何也？」曰：「帝亦知告則不得妻。」文豹謂君即父也，以天子降二女於匹夫，豈必聽命於其父母乎。然一二千年傳聞之事，無稽之問也，若孔門則無此問答。

「君之視臣如草芥，則臣視君如寇讎」，「君雖不君，臣不可以不臣」。何至如此。不如賈誼云：「主上遇其臣如犬馬，彼將以犬馬自待。」劉公摯亦云：「遇人以犬馬，彼將以犬馬自爲。」

范太史曰：「公劉非好貨，乃厚民也；太王非好色，乃齊家也。人君好貨則貪而害民，好色則荒而害政。孟子特就宣王言之耳。」

子濯孺子曰：「尹公之他，端人也。」按《左氏》，衛獻公戒孫文子、甯惠子食，皆服而朝，日旰，公不召而射鴻於囿，及文子如戚，公飲之酒，使大師歌《巧言》之卒章，文子懼，併孥于戚，公使子蟜與之盟，文子皆殺之，公出奔齊。初，尹公佗學射於庾公差，音厮。庾公差學射於公孫丁，二子爲孫氏追公。公孫丁御公，庾公差曰：「射爲背師，不射爲戮。」射兩軥而還。尹公佗曰：「子爲師，我則遠矣。」乃反射公孫丁。觀此，則尹公佗豈端人哉？

「帝度其心，貊其德音。」《爾雅》曰：「貊，安也，定也。」言上帝度王季之心，安其德音爾。《左傳》乃曰：「心能制義曰度，德正應和曰貊。」并下文爲九德，杜預遂注曰：「莫然清淨。」鄭氏又引此釋本詩，皆誤矣。

「采葑采菲，無以下體。」下體，根也，言夫婦不以色衰相棄，猶采葑菲不可以根苦而棄其葉。注乃謂「其根有美有惡」。《坊記》曰：「君子仕則不稼，田則不漁。《詩》云『采葑采菲，無以下體』。」言不兼根葉以盡利。注乃謂「無以其根美則取之，苦則棄之」。惟《左傳》注爲得之，晉臼季請用冀缺，公曰：「其父有罪，可乎？」對曰：「《康誥》曰父不慈，子不孝，兄不友，弟不恭，不相及也。《詩》云：『采葑采菲，無以下體。』」注：「葑菲之菜，上善下惡，不可以其惡而棄其善。」

武帝曰：「齊襄公復九世之讎，《春秋》大之。」按莊公元年【一】，書齊師遷紀。三年，紀季以酅入于齊。四年，紀伯姬卒。紀侯大去其國，齊侯葬紀伯姬。蓋襄公霸國之强，紀不能敵，至於大去其國。紀季以國入于齊，伯姬憂憤而卒，葬于他邦。宗廟社稷一旦丘墟，夫婦兄弟不能相保。《春秋》方哀紀侯之滅亡，善紀季之不廢宗祀，安有大襄公之意。惟《公羊》謂「哀公烹于周，紀侯譖之」，故有是言。然《齊詩》刺襄公極言其荒淫怠慢【二】，安能上念九世之讎，其滅紀也，直以無道行之耳。

晉侯疾，夢黄熊入于寢門。子産曰：「鯀殛于羽山，化爲黄熊，入于羽淵，實爲夏郊。」柳子厚曰：「鯀，禹之父，故郊焉，非爲熊也。」文豹謂凡夢飛走之物，皆生氣也。《詩》：「吉夢維何，維熊維羆，乃生男子。」晉侯此夢，其復生之兆，故未幾而疾愈。《左傳》注：「熊亦作能，三足鼈也。」《説文》及《字林》皆云「能，熊屬，足似鹿」。然則能既熊屬，又爲鼈類。東海人祭禹廟不用熊白及鼈，豈鯀化爲二物乎？然《漢書》昌邑王見大熊，龔遂曰：「山野之獸，來入宫庭，室將空也。」又《玉篇》注云「獸似豕，山居，冬蟄」。《毛詩》及《孟子》注亦皆作獸，恐非鼈屬。

《中庸》曰：「誠者物之終始，不誠無物。」誠者一也，物者事也。凡人作事皆出於心，心能專一，何事不成。如寫一字，縫一針，必專心一意然後端好，稍不誠則鹵莽滅裂，有始

【一】按莊公元年　「元」原作「九」，據讀畫齋本及《春秋左傳注疏》卷七改。

【二】然齊詩刺襄公極言其荒淫怠慢　「刺」原作「則」，據國圖本改。

而無終矣。由是言之，雖小夫賤隸、婦人女子，不可斯須無此誠。

胡致堂曰：《論語》言仁六十餘處，獨答樊遲以愛人。韓愈而後遂皆以愛命之。子思曰：「仁者，人也。」孟子曰：「仁，人心也。」心何所不有，豈止愛乎。漢、唐諸儒皆未知此，故曰軻之後不得其傳。

《老子》曰：「含德之厚，比於赤子。」謂其真淳如赤子爾。注乃云「神明保祐之，如父母於赤子」。又「躁勝寒，靜勝熱」。注：「勝，極也。春夏陽躁極則物死，秋冬物靜極則熱，熱則生。」二説皆非，凡人心躁則煩熱，故可勝寒，心靜則清涼，自不覺熱。

曾肇言：「堯、舜同出黄帝，舜爲堯三年喪者，以嘗臣堯也。」温益曰：「《史記》不足信，若同所出，則舜娶堯女，爲娶從祖姑。」肇引《大傳》及《祭法》，有虞氏禘黄帝而郊嚳，祖顓頊而宗堯爲證。

成王賜周公以天子之禮樂，魯不當用。孔子曰：「魯之郊禘，非禮也。」或問禘之説，則託以不知，意可見矣。宋欲以《桑林》享晉侯，荀罃辭焉者，以諸侯不可當天子樂也。晉劉弘都督荆州，時總章樂人皆避亂焉，或勸弘可作樂，弘曰：「昔劉景升令杜夔爲天子合樂，欲奏之，夔曰：『爲天子樂而庭奏之，恐非將軍本心。』」唐韋皋帥嶺南，作奉聖樂，于頔又作順聖樂。吕夷簡謂禮樂非諸侯可擅興，皆廢之。孰謂魯儒書之國，不知出此。荆公云：「周公有人臣不能爲之功，故得用人臣不得用之禮樂。」伊川曰：「介甫此言，全不知事君。人臣豈有過分事，凡有所爲，皆臣職之當然。」

孔子罪湯、武之意深矣，曰：「武盡美矣，未盡善也。」曰：「放桀于南巢，惟有慙德。」曰：「伊尹相湯伐桀。」序《仲虺之誥》曰：「成湯放桀。」序《泰誓》曰：「武王伐殷。」序《洪範》曰：「武王勝殷殺受。」其罪湯、武也甚矣，但書法謹嚴，語意含蓄，讀者未知其爲罪之之辭。漢王生曰：「桀、紂，君也。湯、武，臣也。君有失，臣不正言而伐之。」唐陸淳曰：「太公殷臣，紂暴不諫，反佐周傾之。聖人宗堯、舜，賢夷、齊，不贊伊尹，謂此也。」此説正夫子之本旨。惜當時諸儒見不及此，故言以人廢。韓文公《伯夷頌》，雖甚激揚，然終不敢斥言武王。至東坡《武王論》出，而後夫子之深意始大暴白於天下後世。然謂使當時有良史如董狐，則南巢之事必以叛書，牧野之事必以弑書，是又未究聖人之書法也。蓋叛者忘義而背其君者也，弑者陰謀而賊其君者也，叛與弑，君臣之義雖絶，君臣之分猶存。至於湯、武，直以勢强力敵，倡率天下以兵臨之，視夏、殷猶與國，視桀、紂猶匹夫，伐之，放之，殺之，夷然不顧，略無君臣之分矣，故《書》序曰伐、曰勝、曰放、曰殺，其罪過於叛與弑矣。

李泰伯不喜孟子，謂孔子教人尊王，孟子教人爲王。蓋是時周室微弱，不齒於七國，故孟子但知有齊宣、梁惠爾。孔子作《春秋》，於吴、楚、越之君止稱曰子，未嘗王之。孟子於齊、梁之王，則偃然稱之，于以見此時雖孟子亦不知有周王矣。

齊宣王問：「湯放桀，武王伐紂，臣弒其君，可乎？」或者宣王見周室微弱，有問鼎之心，故設爲是問。孟子而有尊王之心，欲引其君以當道，而爲湯、武之地，則當託以應天順人之説。而乃曰：「賊仁者謂之賊，賊義者謂之殘，殘賊之人，謂之一夫。吾聞誅獨夫紂矣，未聞弒君也。」故前輩謂湯、武非賢君，伊、吕非賢臣，孟子非賢人。

伯夷、叔齊不顧其身，爲萬世扶持名義，夫子稱之，昌黎頌之。屈原懟其君，《離騷》雖與日月爭光，《通鑑》則併其事削去。而李太白乃云：「夷、齊餓死終無成。」又云：「虚作《離騷》使人讀。」馬子才云：「屈原枉死汨羅水，夷、齊空餓西山坡。」潁濱《上劉長安》則又曰：「伯夷、叔齊往而不反，是以爲天下之棄人。」公豈未之思乎。

韓文公《伯夷頌》無一辭及武王，末後方云：「雖然，微二子則亂臣賊子接跡于後世矣。」其罪武王也，凜然如刀鋸斧鉞之加，而鋒鋩不露。自佛入中國，凡爲其徒作碑記者皆務爲梵語，獨公《送文暢序》不肯自叛其教，所謂法度森嚴也。

魯昭公娶於吴，爲同姓，孔子答陳司敗之問曰：「知禮。」蓋爲君諱也。晉獻公惑驪姬之譖，申生曰：「君安驪姬。」蓋爲父隱也。唐天寶之亂兆於楊貴妃，杜子美身罹其禍，《北征》詩止曰：「不聞夏殷衰，中自誅褒妲。」《哀江頭》詩雖稍述其事，而惻然有《黍離》閔周之意。至白樂天《長恨歌》、元微之《連昌宫詞》【三】，直播其惡於衆，略無忌憚。李太白作《上皇西巡歌》十首，及歌永王璘渡江，亦謂之東巡。其第十章云：「祖龍浮海不成

【三】元微之連昌宫詞　「微」原作「徵」，據讀畫齋本及《新唐書》卷一七四《元稹傳》改。

橋，漢武尋陽空射蛟。我王樓艦輕秦漢，卻似天皇欲度遼。」全無君臣之別矣。

古今論孔明者，莫不以忠義許之。然予兄文龍。嘗考其顛末，以爲孔明之才，謂之識時務則可，謂之明大義則未也，謂之忠于劉備則可，謂之忠于漢室則未也。其説有四：一者備雖稱爲中山靖王之後，然其服屬疎遠，世數難考，温公謂猶宋高祖自稱楚元王後，故《通鑑》不敢以紹漢統；況備又非人望之所歸，周瑜以梟雄目之，劉巴以雄人視之，司馬懿以詐力鄙之，孫權以猾虜呼之，亮獨何見而委身焉。藉使以爲劉氏族屬，然獻帝在上，猶當如光武之事更始，東征西伐，一切聽命焉可也。二者備之枉駕草廬也，始謀不過曰：「主上蒙塵，孤不度德量力，欲伸大義於天下。」其辭甚正，其志甚偉。自孔明開之以跨荆、益成霸業之利，而備之志向始移，無復以獻帝爲念。由建安舉兵以來二十四年，天子或都許，或都長安，或幸洛陽，宫室煨燼，越在籬棘間，備未嘗使一介行李詣行在所。今年合衆萬餘，明年合衆三萬，未嘗一言稟命朝廷，而亮亦未嘗一談及焉。蓋其帝屬之心，已定于草廬一見之時矣。三者曹操欲順流東下，求救于吴，無一言及獻帝，而獨説以鼎足之説。夫鼎足之説，始于蒯通，然通之説韓信以此，猶有漢之一足。當三國時而爲是説，則獻帝無復染指之望矣。賴周瑜漢賊之罵，足以激怒孫權，故能成赤壁之勝。若備若亮，何以厲將士之氣，服曹操之心哉！荆楚之士，從之如雲，非從備也，乃從漢也。四者備之稱王漢中，則建安二十四年也，獻帝在上而敢于自王。及稱帝武擔，則聞獻帝之遇害也，亮不能如董公説高祖，率三軍爲義帝縞素，仗大義，連孫吴，聲罪討賊，乃遽乘此即帝位，而反鋒攻吴。晉文公有言，父死之謂何，又因以爲利，故費詩以爲大敵未克，便先自立，恐人心疑惑，而諫以高祖不敢王秦之事，亮反怒而黜之。夫以操之姦雄，其王其公，猶必待天子之命，荀彧且以此憤死。以丕之篡逆，亦必待獻帝之禪，楊彪且不肯臣之，備雖宗室，而亦臣也。何所稟命而自王自帝，固方嘵嘵以興復漢室爲辭，不知興復漢室，爲獻帝邪？爲劉備邪？亮既有心於帝備矣，萬一果能興復，將置獻帝于何地。《出師》一表，雖忠誠懇懇，特忠于所事爾，其于大義，實有所未明也。管仲、樂毅之事，君子所羞道者，以其但知有燕、齊，而不知有王室也。亮乃以管、樂自許，宜其志慮之所圖回，功業之所成就，止于區區一蜀耳。或者但謂備劉氏宗也，備帝蜀則漢祚存矣，亮忠于備，即忠于漢矣。吁，無獻帝則可，有獻帝在，而君臣自相推戴，則赤眉之立劉盆子，亦有辭于世矣。春秋之末，諸侯爭强，周室微弱，孔子無一日不以尊王爲心，若如亮之見，則魯同姓也，亦可奉之爲王矣。天下後世，惟持此見，故于孔明之事，無敢置異議于其間。文中子曰：「通也敢忘大皇昭烈之懿識，孔明、公瑾之盛心。」噫，漢之君既稱獻帝，魏之君又稱武帝，吴之君又稱大皇帝，蜀之君又稱昭烈皇帝，天無二日，民無二王，一天下而四帝並立，可乎！通之見如此，宜其爲續書之僭也。余兄嘗以是説取解于同文館，又有《孔明識時務論》板行。

朱文公《通鑑綱目》，以正名爲先。子雲仕于漢也，于莽元鳳元年書「莽大夫揚雄死【四】」，以《法言》盛稱莽功德，及作《劇秦美新》也。淵明没于宋也，于文帝元嘉四年，書曰「晉徵士陶潛卒」，以潛自謂世爲晉輔，耻復屈身異代，故不復仕也。書武后事，終始用中宗年號，如云中宗嗣聖九年，周武后如意元年九月，周以狄仁傑同平章事。蓋純用《春秋》筆法也。然魏雖僭竊，畢竟受禪于獻帝，蜀雖劉氏宗，温公云昭烈稱中山靖王後，族屬疏遠，不能紀其世數名位，猶宋高祖稱楚元王後，南唐烈祖稱吴王恪後，是非難辨，故不敢以紹漢統。今《綱目》乃黜魏而以蜀爲正統，書魏曰魏主，吴曰吴王，公必有所見也。

古大賢雖左氏、孟子，稱夫子止曰仲尼，不敢名焉。唐文宗《賜裴度》詩：「我家柱石衰，憂來學丘禱。」以天子而名聖人，又用其語，故無嫌。李白乃云「狂歌笑孔丘」，韓文公云「柄用儒雅崇丘軻」，荆公云「驅馬臨風想聖丘」，馬子才云「何必嫌恨傷丘軻」，然此猶可也。杜子美《醉時歌》：「儒術于我何有哉，孔丘盗跖俱塵埃。」以百世帝王之師，名呼而儕之盗跖，何止得罪于名教。

原涉云：「家人寡婦，始自約敕時，意慕宋伯姬爲人，不幸爲盗賊所污，遂行淫矣，雖知其非而不能改。」柳子厚《河間傳》亦此意也，如涉所云，自足以勸戒，何必極狀其淫蕩之醜。又《捕蛇説》即苛政猛于虎之謂，《禮記》以八十言盡之，子厚乃六百字，文日勝，質日衰，可以觀世變矣。

張宛丘《陳湯論》曰：「自漢擊匈奴，得單于者一陳湯耳，封焉而著令曰：有能矯制

【四】莽大夫揚雄死　「揚」原作「楊」，據讀畫齋本及《漢書》卷八七《揚雄傳》改。

斬單于如陳湯者，無罪而封侯。」文豹謂以一時雋功，賞之可也，以矯制斬單于著之令甲，非所以示大訓也。

東坡曰：「唐無文章，惟《送李愿歸盤谷序》一篇而已。」文豹謂「曲眉而豐頰，清聲而便體，秀外而惠中。飄輕裾，翳長袖，粉白黛緑者，列屋而閒居，妬寵而負恃，爭妍而取憐」。此數句可去。

《蘭亭記》不入選者，以「天朗氣清」，春言秋景，又「絲竹管絃」語重。文豹謂此特小疵，如「修短隨化，終期于盡。古人云死生亦大矣，豈不痛哉」。又因「知一死生爲虚誕，齊彭、殤爲妄作」。此數句甚無謂。

《滕王閣序》本賦景物，序游宴耳，而自「關山難越，誰悲失路之人」，至「阮籍猖狂，豈效窮途之哭」，凡三十來句，無非怨辭。蓋勃以殺官奴除名，父福畤坐貶交趾，今勃往省侍，道出鍾陵，適遇開宴，因以洩其忿，及去，渡海溺死，此文其讖歟？

世稱王羲之以工書，稱羅隱以工詩。殷浩北伐，羲之遺書曰：「區區江左，天下寒心，力爭武功，非所當急。今軍破于外，資竭于内，宜退保長江，引咎責躬，更爲善治。」梁祖受禪，隱説吴王鏐舉兵討梁，曰：「縱無成功，猶可退保吴越，自爲東帝，何至交臂事賊，爲終古之羞。」吴王始以隱爲不遇于唐，必有怨心，及聞其言，心甚義之。此豈舒箋點翰、雕章琢句者所能出此。

唐子西《硯》銘，謂「筆墨硯，氣類也。筆之壽以日計，墨之壽以月計，硯之壽以世計。其爲體也，筆最鋭，墨次之，硯，鈍者也，豈非鈍者壽、鋭者夭乎？其爲用也，筆最動，墨次之，硯，靜者也，豈非靜者壽、動者夭乎？銘曰：不能鋭，因以鈍爲體；不能動，因以靜爲用。惟其然，是以能永年」。此銘猶濂溪《拙賦》，皆本于仁者壽之説，然世道不古，後生飄揚，朴厚遲鈍之人，懼不免于訕笑，又安敢語此。杜子美云：「晚將末契託年少，當面輸心背面笑。」東坡云：「世上小兒誇疾走，如公相待今安有。」

容齋草曆日詔云：「茲履夏正，載頒漢朔。」按《周禮》正歲注：「夏之正月，得四時之正。」及董仲舒論正次王説，則正讀爲政分明，惟《尚書》正月上日注：音正，又音征。曰征者本無意義，正是襲秦語耳，始皇以正旦生，名政，故改正爲征，後代不當避。

象山與晦庵辨濂溪無極太極之説，往反數書，累數千言。晦庵曰：「不言無極，則太極同於一物，不足爲萬化根本。不言太極，則無極淪于空寂，不能爲萬化根本。」象山曰：「《易》言太極，《書》言皇極，未嘗説無極。極者，中也。言無極則是猶言無中也。蓋此圖得于穆伯長，伯長得于陳希夷。希夷之學，老氏之學也，無極二字，出于老子爾。老子之言不足據。」文豹謂象山之説自有理，但不合好己勝爾，其卒也，晦翁答曰：「我日斯邁，而月斯征，各尊所聞，各行所知，無望其必同。」有浙士貽書曰：「二先生所習各已成熟，必不能以相爲，莫若置而勿論。」象山乃詆之曰：「此輩沉溺俗學，悖戾若此，亦可憐也。」蓋象山以所學自負，語路彦彬曰：「區區之學，自謂孟子之後，至是始一明也。」其自負若此，肯下人乎！

明道云：「新政亦是吾輩爭之太過，成就其事，生民塗炭，亦須兩分其罪。」象山《荆公祠堂記》蓋用此説，而語人曰：「此是斷百年未了公案，聖人復起，不易吾言矣。」其記有云：「熙寧排公者，大抵極詆訾之言，而不折之以正理。平者無一二，激者居八九，不足以解公之蔽，反以堅其意，成其事。新法之罪，諸君子固分之矣。」文豹謂此記固不失爲忠恕，然不知捨諸君子之所言，何者爲正理，荆公又豈可與之論正理。

陳北山孔碩。云：「江西之學多禪釋，永嘉之學多功利。」文豹謂與其功利也，寧禪釋。蓋釋氏本心，止在化人爲善，其本旨止在識心見性耳。

温公不好佛，謂其微言不出儒書，而家法則云：「十月就寺齋僧誦經，追薦祖先。」象山知荆門，上元當設醮【五】，乃講《洪範》錫福章以代之。

韓文公《佛骨表》，慷慨激烈，不以死生禍福動其心，及潮陽之行，漲海冥濛，炎風摎擾，向來豪勇之氣，銷鑠殆盡。其謝表中誇述聖德，披訴艱辛，真有悽慘可憐之狀。至於佛法，亦復屑意。《答孟簡書》云：「潮州有僧號大顛，聰明識道理，召至州郭，留十數日，實能外形骸以理自勝，不爲事物侵亂。與之語，雖不盡解，要且自胸中無滯礙，以爲難得，因與往來。及祭神海上，遂造其廬。來袁州，留衣服爲别。」文豹見《宗門統要》記，公與

【五】上元當設醮　「上」原作「止」，據讀畫齋本改。

顛問答，疑其誕謾，觀公此書，似不誣也。

嘉熙元年，韃人破舒州，朝廷遣楊將軍義移治宜城，板築未畢，韃騎奄至，義僅以身免，由是寄治舟中。明年，督府辟差閤門陳舍人正夫。於江之中楊柴洲爲治所，文豹偕其行，以六月上澣到。四望萑葦中，有六七百家，廬聚沙渚。行五里，泊寓池州天寧寺莊，旋披荆棘，營創衙宇，起寨屋，招兵民，不兩月，歸者已萬餘家。所謂楊柴洲者，介于舒、池之間，延袤八十里。紹興間，李成叛，移治于此，今又再移治焉。以七月旦日上梁，文豹爲文曰：「豳公西遷，作室家于岐下；衛人東徙，建城市于楚丘。皆因外患之來，故作權時之舉。眷舒陽之一郡，甲淮右之九州。山林川澤之富饒，號爲沃野；閭里室家之晏粲，允謂樂郊。自慘于虜騎之干戈，盡翻作戰場之瓦礫。室廬煨燼，城邑丘墟。散卒纍纍，草行露宿。流民盻盻，野處山棲。進無生聚之門，退有寇攘之患。惟兹洲渚，介在江心。昔逆成割據之時，固嘗寄治；今避韃權宜之計，爰即建衙。龜卜叶從，鳩工畢舉。財用則貸之督府，他無取辦之方；工役則募之鄰邦，特厚酬庸之直。堂皇内外，具體而微，木石精麄，隨宜而已。姑且爲棲遲之策，何敢求輪奐之爲。龍舒太守雖生長于東南，久宦游于西北。顧瞻曠土，懷想故邦。風景不殊，慨歎江山之異；城池安在，辛勤荆棘之披。念百堵皆作者，所以安周民；而一日必葺者，故能保魯國。凡此權輿于創造，蓋將根本于規恢。屬舉修梁，輒形善頌。東：表裏山河指顧中，牛犢又看耕曉露，鷄豚依舊飽春風。

西：蕭瑟秋聲健馬蹄，故壘功名思赤壁，上流形勝接黄泥。南：坐閲朝天萬艣帆，光動日邊龍冉冉，勢雄江左虎眈眈。北：目斷淮山思故國，雄邊千里皖城高，擎天一柱灊峯碧。上：萬頃平疇歸一望，稻畦水足擁黄雲，麥隴風輕翻翠浪。下：會看重復枌榆社，廛清玉宇有賓鴻，月沉煙障無嘶馬。伏願上梁之後，幕娱僚寀，庭省文書，四民均樂于聚廬，萬旅同歸于按堵。雒魚入夢，富紅廩之秋秔；飛鵲安棲，沈紫榆之夜柝。人和協順，天道好還。五緯瑞光躔，應中國滅胡之象；四郊空戰壘，慰遺黎懷土之思。」

建康之溧陽【六】，有貞義女廟，去縣四十里，曰中橋。按《圖經》，女姓史，伍子胥奔吴過此，病困，見女漂，有飯一盂，因乞食焉。女不言而色授之。子胥飯畢，曰：「我得志必報汝。」女曰：「吾年三十，以母故不嫁。今失色于男子，何以見我母。」言訖，沉水死。子胥自吴還至此，捐千金于水而去。邑人取金立廟，名其水曰金瀨，至今四旁史姓甚多。唐李白爲之記。端平元年，邑宰徐進齋謂禮。新其廟，文豹爲作奉安祝詞曰：「忠孝百行之冠冕，節義天下之大閑。由古及今，勇夫烈女，有一于此，則廟而祀焉，所以厲風俗而表元元。惟神清英潔白，性天一真，矢死而守志，業漂以養親。殺身成仁而不怨，濟人于窮乏而不言，則孝與義爲兼全。成忠清之壯志，振勾吴之霸權。恥失色于男子，甘比身于彭咸，則忠與節爲兩存。宜飾廟貌，祀爲明神。歲久圮毁，莽爲荆榛，乃鳩工役，易舊而新。僝工告備，吉蠲良辰，潔牲釃酒，以落其成。嗚呼，王跡熄而俗化薄，人欲熾而天理湮。貞

【六】建康之溧陽　「溧」原作「漂」，據讀畫齋本及《宋史》卷八八《地理志》四改。

義如神者能幾人，惟此方之俗習，率勇敢于殺身，豈貞義之遺烈，猶隱然而在民。尚英靈之默相，轉澆訛而貞淳。使勇敢者以義，殺身者以仁，裨風教之亹亹，扶世道之肫肫，則廟食斯土，伊千萬春。」

善人爲國，未必有赫然可喜之功，然戮及衣冠善類，則亂亡隨之。夏之亡也，以簡賢附勢。商之亡也，以棄三仁，殺二侯。周自春秋以來，人材萃于列國，王室以孤立而亡。秦自坑戮儒生，越三年而陳涉起。西漢自殺望之、堪、猛、王章等，越二十年而王莽篡。東漢自黨錮起，越十五年而黄巾亂。晉自殺張華、裴頠、解系等，越五年而五胡擾。唐自逐張九齡、周子諒諸賢，越十四年而禄山反，自白馬之禍，越三年而唐亡。

周益公曰：「漢所謂社稷臣，乃在周勃之鄙樸，汲黯之少文，霍光之不學。」文豹謂士大夫與其敏給也，寧遲鈍。敏給之人能辦事，誠快人意，然爲人主失人心，耗元氣者，常在于斯。自昔武人多樸直，文人多機巧。立國之初，風俗常厚者，以武人用事也。太平則尚文，文勝則人益巧，俗益薄矣。以己長而形跡人短，以己清而形跡人污，皆取憎取禍之道。我以廉正自守可也，而位居通顯，矯亢相高，彼小人者，惡直醜正，肯甘心自處于污穢乎？東漢黨錮，元祐黨籍，皆以此激成。中常侍張讓父喪，名士無往者，陳實獨弔焉，及誅黨人，讓感實，多所全宥。故儒行欲毁方瓦合，老子欲和光同塵，士大夫其監於斯。

陳侍郎公輔。言：「今議者尚以王安石政事雖不善，學術自可取。豈知學術不善甚于政事，政事害人才，學術害人心。」高宗曰：「今日之禍，皆罪蔡京、王黼，不知生于安石。」文豹謂熙寧紛更之擾，猶未見新法之慘，逮章、蔡以紹述之説，破壞天下，極而至于靖康之變，始見安石之禍酷烈。

隋高祖伐陳，曰：「我爲民父母，豈可限一衣帶水，不救之乎！」命治戰船，投其柹於江，曰：「若彼見之，懼而能改，吾復何求。」羊祜表請伐吴曰【七】：「皓若幸而没，吴人改立令主，雖有百萬之衆，長江未可窺也。」吁，祜之心何心哉！當時皆以平吴爲喜，惟山濤欲釋吴爲外懼，濤言不見用，晉亦以此速亡。祜之識見，愧於隋，劣於濤矣。隋之亡也，兆於封倫之治宫室，成於裴矩之伐遼東。高德儒以孔雀爲鸞，猶黄霸以鶡芥字。爵爲神爵爾，非指鹿爲馬之比。太宗討西河，德孺爲郡丞，閉城拒守，蓋忠於隋也，及城陷，太宗數以指鳥爲鸞之罪，誅之。矩、倫非惟苟免，而生則高官厚禄，死則賜謚立傳，豈非幸不幸歟？

屈到嗜芰，將死，戒曰：「祭我必以芰。」及祥，宗老進芰，屈建命去之。柳子厚譏其無思。齊明帝祭宣皇以麪餅鴨臛，音霍。后笱鴨卵，高皇肉膾苴羹，后茗粣側羊反粽。及炙魚，皆所嗜也。温公譏其非禮。按《周禮・庖人》：共祭祀之好羞。注：若荆州之鱔魚，青州之蟹胥，雖非常物，進之孝也。《祭法》曰：「齋之日，思其所樂，思其所嗜。」《祭統》曰：「水草之菹，陸産之醢，小物備矣。三牲之俎，八簋之實，美物備矣。昆蟲之美，草木

【七】羊祜表請伐吴曰　「祜」原作「祐」，據讀畫齋本及《晉書》卷三四《羊祜傳》改。下同。

之實，陰陽之物備矣。凡天之所生，地之所長，苟可薦者，莫不咸在，示盡物也。」然則三牲之外，復致其所嗜，亦《禮經》所許。

後唐主使宦者祭廬山還，勞之曰：「卿此行甚精潔。」對曰：「自奉詔，蔬食至今。」主曰：「汝某處市魚爲羹，某處市肉爲胔。」宦者慚服。真宗東封還，勞從臣曰：「久蔬食不易。」王旦等謝，樞密馬知節曰：「臣與旦同行，無日不市肉。」

《易》惟四卦言酒，而皆險難時，《需》需于酒食，《坎》樽酒簋貳，《困》困于酒食，《未濟》有孚于飲酒。

盛名之下，其實難副，宋向戌見孟獻子，尤其室，曰：「子有令名，而美其室，非所望也。」神宗問荆公曰：「聞卿嫁女盛飾，卿大儒，亦如此。」

趙鳳女嫁馮道子，道夫人常怒之，鳳使乳媪訴之，累數百言，道但云：「傳語親公，今日好雪。」

齊以治民之官，三年爲斷，曰「小滿」。然小滿乃節氣名，故今人改曰「細滿」。

陸贄與趙璟同相，德宗曰：「要重事勿與璟同奏，密封來。」宣武節度劉士寧爲李萬榮所殺，上問之，贄曰：「士寧見逐，雖是衆情，萬榮總軍，初非朝旨。此强弱之機，願陛下謹之。」上欲且除一親王，贄但奏不可，制遂從中出。《異聞集》云：德宗一日見侍女上請，問所從來，曰：「故相竇參家奴。」因泣訴參死之寃，上怒贄曰：「我重伊，常呼作陸九，我脱伊緑衫，便與伊紫衫著。我使竇參方稱意，須教我殺却。伊平時常恨無權，及權在伊手，又却軟如泥團。」野史雖未可盡信，觀其區處士寧事可見，其卒于貶所，或者殺竇參之報。

魏文侯問相于李克，克，翟璜所舉，知璜不可相而不敢言，故但對以觀人之法。東萊論之曰：「大凡身不在朝廷，而論朝廷事，止可泛言大體。如今對州縣官言政，只可説聽事當如何，不可言某事是非，某人曲直。」文豹因觀張乖崖自蜀還，言王旦太平宰相爾，真宗默然。他日復召對，謂公曰：「王旦真太平宰相。」仰觀殿霤無他語。觀此，則知東萊之言是。

《語》曰：「可與立，未可與權。」蓋權者，變通之物也。非胸中所守者正，則必流入于變詐，故聖人不敢輕以許人。其實權之爲用，不可一日無，居廟堂之上，處危疑之際，欲于立談之間轉禍爲福，易危爲安，若非假權以從事，則未見其能有濟也。温嶠將去王敦，恐錢鳳爲之謀，因餞别起行酒，擊鳳幘墜，作色曰：「錢鳳何人，温太真行酒敢不飲。」及發，鳳後曰：「嶠于朝廷甚密，未必可信。」敦曰：「太真昨醉，少加辭色，豈得便相讒二。」自是鳳謀不行。桓温病，求九錫，謝安欲緩之，令袁宏具草，每草進，安輒改之，由是歷旬不就，温竟卒。王鶴駕爲神策軍兵馬使，代宗欲以白秀珪代之，恐生變，王祐甫召鶴駕與語，留連久之，秀珪已視事矣。裴度往淮西督戰，恐翰林學士令狐楚沮軍事，乃請改制書數字【八】，且言楚草制失辭，罷之。趙德明以民饑求糧百萬，王文正公請具粟京師，令其自來取，德明慙且拜曰：「朝廷有人。」真宗疾大漸，八大王元儼留禁中，不肯出，偶翰林司以金盂供熟水，李文定迪取筆攪水中，王意其有毒，亟上馬去。曹樞密瑋知秦州【九】，有十數卒逃入虜中，吏以告，瑋不應，吏亟言之，瑋叱曰：「我固遣之，汝反顯言邪！」虜聞盡殺之。西師失利，議罷宦者監軍，吕公夷簡曰：「不必罷，但擇謹厚者爲之。」仁宗就委公擇其人，公曰：「臣不與中官交，無由知其賢否，只令押班保舉，不職者與同罪。」明日，押班叩頭乞罷監軍。王拱辰榷河北鹽，仁宗手詔罷之。帥臣賈昌朝刻之瘻木亭。及提刑薛向乞再榷之，公俟其入奏，邀至亭上，酒五行，無他語，向顧見石刻，知事已露，遂已。仁宗暴疾，執政欲宿禁中，宦者白無故事，文潞公令設醮于大内，兩府宿殿廡行香。蔡卞欲毁《通鑑》板，太學博士陳瓘于策題中引神宗序文，卞乃不敢毁。

伊川出于吕申公，公多質疑焉，東坡忌之。服除，三省奏召除館職，子由曰：「但恐不靖爾。」簾中入其語，東坡遂導諫議孔文仲奏頤爲吕門五鬼之魁，編管涪州。蘇子容語坡曰：「公未可如此，頌見過其門者，無不肅容。」會范太史亦爲之辨，文仲始悟爲人所紿，憤愧嘔血死。伊川以元祐四年抵涪，越五年，東坡涉海。

魏舒爲司徒，正旦朝罷，以年老表送印綬，莫有知者。魏瓘曰：「每與公論此事，日日未果，可謂瞻之在前，忽焉在後。」文豹謂仕止久速，其權在我，何必數形諸言。李文簡

【八】乃請改制書數字　「字」原作「事」，據國圖本改。

【九】曹樞密瑋知秦州　「瑋」原作「瑺」，據讀畫齋本及《宋史》卷二五八《曹瑋傳》改。

燾除侍讀，賦詩曰：「明年七十吾歸矣，預買北關門外船。」至冬一疾不起。樓攻媿既參大政，屢欲丐閒，至繪二疏以見意。永嘉邵經國上詩曰：「聞道先生欲挂冠，先生幾日出長安。去時莫待淋頭雨，歸日須防徹骨寒。已遂平生多少志，莫令末路去留難。二疏畢竟成何事，留取他年作畫看。」

唐衡州刺史曹王皋爲辛京杲所陷，以太妃老，出則囚服就治，入則擁笏垂紳，及貶潮州，以遷入賀，德宗立，復衡州，方以實告。淳祐元年，浙漕王潛齋埜被論，以母夫人年尊，託言易除。母曰：「我已知之，汝父昔以忤時相去國，今汝又如此，吾方以爲喜，汝復何憂。」潛齋，忠簡公介之子。廣平麻思母亡欲還，王猛曰：「便速裝。」至暮出關，州縣皆被符矣。韓滉欲獻綾羅于奉天，何士幹請行，滉曰：「便過江。」士幹歸別，則薪米儲峙，羅門庭矣，登舟則資裝財物，皆手筆疏記。文豹謂士大夫一日當權，則風旨之下，何事不行，然有模稜之人，已有所欲爲，人有所干請，輒數日躊躇不決，否則文按行移，動經旬浹。此無他，精神風采不足以振揚，公廉明敏不足以闢闔耳。

陶侃爲荆州牧，閫外多事，而遠近書疏，無不手答，揮翰如流，未常凝滯。今士大夫類皆有嵇康懶答書之病，遠地伻來，有伺候半年而不得者。

明道曰：「一命之士，苟存心於濟物，必有所利。」嘗以鄠簿攝池塘，堤壞當申府漕，公曰：「如此苗槁矣，救民獲罪，所甘心也。」即發民塞之。陳漫翁分教永嘉，欲混試諸生，請于葉水心，答曰：「使適不叨竊科第，亦未免在學中竊食。」漫翁愧而止。董鉅堂名槐。爲鎮江倅，牒漕試已十七人，求者未已，文豹因進過額之説。公曰：「過額不過鐫秩，若成得一士友，何惜一官。」

韓文公、荆公皆好《孟子》，皆好辨。張籍曰：「與人商論，不能下氣。」元城曰：「金陵不可動者，以能强辨。」文豹謂三人均之爲好勝，孟子好以辭勝，文公好以氣勝，荆公好以私意勝。

退之《袁州謝表》曰：「州小地狹，賦税及時，人安吏循，閭里無事。」歐公《滁州謝表》云：「一郡豐登，幸無公事，全家飽暖，實荷君恩。」容齋《秀州謝劄》云：「郡小事簡，庫錢倉粟，自可枝梧，得坐嘯道院，謂爲可幸。」周益公答曰：「從前得外郡書，未有不以窘亢爲言，獨創見于來緘。」文豹見近世士大夫每求一闕，乞一郡，其未得之也，惟恐失之，纔到任，便訴窘乏，述艱難，若有迫其行者。柳子厚《柳州謝表》三百三十字，皆是祈哀謝過之辭。古大國僅百里，今一郡千里，何負於士大夫，而若此。

范蜀公有子弟赴官乞書，不許，曰：「仕宦不可廣求人知，受恩多則難爲立朝。」今小官赴任，率以求書爲能事，不知上官或反惡其挾勢。

法有示人以虚文，導人以欺罔者，一曰啓劄，二曰辭免，三曰薦舉，事例相承，其來已久，非可頓革，姑摭前賢往事而商榷之。嘉熙三年，陳習庵塤。爲浙西憲，令官屬各以本司利害爲一書，其新任人具脚色申狀外，並不用啓劄。其後馬裕齋光祖。繼之，亦用此例，人皆偉之。劉公敞赴召，時士大夫得官必辭，以辭不失利，得名更高，或四五，或七八，皆挾僞沽名，要君迷衆。乃請諸當辭免，或二或再，或不得辭，一准故事。紹興三十年，删定官聞人滋，乞選人歷任及十考無過，雖舉狀不及格，許降等改官，仍得屢年中數，以舉狀年勞參用，庶抑貪競，使各謹飭安心職業。高宗曰：「臺諫論事，要當審實，如排擊人材，豈無好惡。若務大體，不摘細瑕置人于過，亦陰德也。」又曰：「李大有書言涉兵機，不欲付出。昔張齊賢獻取河東之策，太祖裂而擲之，俟左右退，取授太宗曰：『他日取河東，出兵運糧，可用其策。』此太祖之沈機也。」文豹每謂齊賢堅執十策皆可行，故太祖怒而裂之，高宗深略，可謂同符。

孝宗詔，每日常朝不必宣宰相名。趙雄奏：「君前臣名，禮也。」上曰：「蘇洵嘗言名呼而進退之，非所以禮貌大臣。丞相不必辭。」

温公曰：「仁宗自未納后之前，居處不離章獻卧内，是以聖體完實，享國久長。」

仁宗上元宴，張貴妃服燈籠錦，曰：「文彦博所獻。」上曰：「戒汝勿受羣臣餽遺。」不悦久之，蓋錦上織成燈籠也。此與却帶珠事一同，聖意深矣。

先朝母后賢而有智識者三后，而皆有源流。仁宗慈聖光獻曹后，彬之孫也。新法行，語神宗曰：「吾昔聞民間疾苦，每告仁宗赦除之。今民苦青苗、助役錢，宜因宗祀赦之，併出王安石。」時欲取燕薊，后曰：「得之不過南面受賀，不得則安危所係。」蘇軾下獄，后曰：「仁宗初得軾兄弟，喜曰：『吾爲子孫得兩相。』今捃至于詩，寃濫甚矣。」疾久，忽問：「今日何日？」左右曰：「十月二十。」乃曰：「只此日去，免煩他百官又别日行香。」蓋太祖忌日也，遂崩。英宗宣仁聖烈高后，瓊之孫也。元祐初，召司馬光、吕公著，散京城役夫，罷皇城内覘，止御前工作，廢導洛司物貨，弛户馬保馬，寬青苗、助役錢，出近侍無狀者三十人。神宗欽聖憲肅向后，敏中孫也。宣仁太后命后居慶壽宫，辭曰：「豈有婦居東，姑處西，瀆上下之分乎？」哲宗崩，章子厚有異議，后毅然決策立徽宗，遂同處分軍國事，凡御正殿、避家諱、立誕節之禮，皆不用。

神宗時，知金州張仲宣犯贓，當杖脊黥配，蘇頌奏古者刑不上大夫，仲宣官五品，有罪得乘車，今從黥隷，恐汚辱衣冠。遂免杖黥流海外。淳祐六年七月，京學張祖訓、彭庚孫、林半千僞造臺章，皆杖脊黥配，其情與罪宜也。然士可殺不可辱，若三分其罪，自可用仲宣例。丘殿撰名岳。每言秀才不可做越分事，士大夫不可做折本道路。秀才越分必妄用，妄用必妄取，士大夫居官妄作，肆無忌憚，一旦論罷折本多矣。

后山云：士大夫見天下不平事，不可懷不平之意。平居憤憤切齒，一旦當事，發之必有過甚。

張尚書杓尹京，禁銅器，有僧持匙筯一副來首。及追問，則自祖父相傳，每日以此齋僧一員。公縱之，而語僧曰：「汝能辨事，今刺汝爲廂軍。」乃當額大刺「專一搜捕銅器」六字。浙西憲趙愬夫權平江府事，有婦告其姑私醋，憲追姑從條勘罪，而問婦曰：「汝事姑孝乎？」曰：「極孝順。」憲曰：「汝既孝順，代姑受杖。」二事深得誅心之法。

淳祐三年，金奏院文剛。言：百官月請銀六千七百餘兩，而吏胥乃八千六百餘兩。百官一次衣賜六千七百餘疋，胥吏乃七萬八千餘疋。鹽課日虧，而省部吏鹽賞歲二千七百餘疋兩。然文豹考之，周六官不過三百六十，而府吏胥徒以地官一官計之，已三千七百餘人。《孟子》曰：「下士與庶人在官者同禄，禄足以代其耕。」庶人在官者，即府史胥徒也，禄足以代其耕，當亦不薄。《周禮》稟人頒稍食，人四釜，上也；人三釜，中也；人二釜，下也。釜六斗四升，注謂一人一月之食，則是下等人月亦一石二斗八升矣。今吏非多，禄非重，正緣虛請倍再，至有一身而兼三數分請。晦庵云：「近併兵部郎官，而一司仍存，省官之奉，不當吏禄之奇數，此虛請之謂也。」王公嵎叟云：「三省胥吏，歲累優秩，月享厚禄，及舉一事，則論功計賞。不知平時禄稟，安用此鹽賞之謂也。」

《記》曰：「與其有聚斂之臣，寧有盜臣。」蓋聚斂之臣欲剥下媚上，必於常式之外，多增數目，常賦之外，別立科名。歲入既豐，用度益侈，日久歲深，侈者不可復節，增者不可復減，一時作俑，遂爲生民無窮之禍。宣和末，江浙被方寇，州郡皆蠲其賦，而官兵無所給。命發運陳資政亨伯經制東南，乃請以七路之財補之，設比較務，增酒價，添商税，賣契紙，及公家出納每千收二十三文，以給州用，靖康罷之。建炎二年，户書呂元直、翰林葉少藴奏：經制之法，求民之所欲，非强其所不欲。酒價雖高，未嘗驅之使飲，税額雖增，未嘗迫之爲商，其他類此，請復行之。乃詔東南八路提刑司，拘收五色經制錢赴行在，一添酒錢，二添糟錢，三添牙税錢，四官員請給頭子錢，五添收三分房錢。紹興五年，孟參政富文提領措置財用，名總制司，增頭子錢爲三十，收耆户長庸錢，抵當四分息錢，運司移用錢，勘同朱墨錢，常平司七分錢，人户合零就整二税錢，免役一分寬剩錢，官户不減半民户增三分役錢，常平司五分頭子錢，令通判催。乾道元年又增頭子錢，每千十三文，自是公家出納，經制總制每千共收五十六文，合東南諸路二制歲入共一百二十萬緡，四川不預。孝宗曰：「祖宗時無此錢，俟用度有餘，當除之。」薛寺正季宣謂州縣鑿空取辦，雖有奉法吏，欲寬弛而不得騁。知靖州邢遷謂此錢至科罰徭民不可爲，而丐祠。而呂、葉乃謂非强民所不欲，使人痛恨。高宗以夢得善理財，除資政殿學士兼提領財用。朱勝非曰：「昔張慤兼此，至于自設酒肆，人皆非之。」噫，少藴以文鳴，而甘心聚斂，上負天子，下負所學矣。

祥符二年放兩浙、福建、湖廣丁錢，歲四十五萬緡。開禧元年只免兩浙一路丁錢，歲已四十二萬緡。則知户口蕃息，隨王氣所在。

李德裕曰：「臣無名第，不當非進士，然臣祖自登第後，家不置《文選》，蓋惡其不根藝實也。朝廷顯官須公卿子弟爲之，少習其業，目熟朝廷事，凡臺閣之儀，不教而自成，寒士縱有出人之才，固不能閑習也。」荆公曰：「士未官而事科舉者，爲貧也；有官矣，而復事科舉者，是僥倖富貴利達而已。」龜山曰：「資蔭與進士何異，以進士爲優，資蔭爲劣者，世俗之論也。恥受父祖之澤，而甘心無益之習，與寒士角勝場屋，僥倖一得以爲榮，是何識見。夫應舉，自是寒士藉此進身耳，既有官何用應舉。」范堯夫最有識見，亦以資蔭與進士分優劣，奏於有無出身人銜位上帶左右字，且曰：『欲使子弟讀書，是讀書止爲科第而已。』如韓持國之才，儘可爲執政，豈可以其無出身乎？」文豹謂衛公以宰相子，龜山以宰相薦，皆無出身，故議論偏。蓋任子與進士，自是兩途：舜教胄子，相元凱，此即任子也；舉萬邦黎獻，此即進士也。至周而法始備，學校所教者先國子，朝廷所用者皆世官，賓興大比則專爲寒畯設。由漢至唐，皆並行而不相侵越，至我朝始令有官人得與進士羣試。夫任子者雖未必皆賢，然隨宦之久，耳目習熟，當官臨政，自勝進士。緣其間有不學少文者，故朝廷得以輕重，凡由任子得官者，皆不獲與清選。此其所以黽勉于一試，歆豔於一得。然有官至大夫，職居朝列，及監司、守倅、令丞矣。所謂考官，則皆選人或其門生故吏，乃反委身聽命而去取于其手。至于監司、守倅、令丞，皆闔郡吏民之所奔趨，一旦乃毁冠裂冕，與韋布之士聯翩負笈，傴僂棘牆之下，其爲名器之辱甚矣。然格法已定，士大夫亦不以爲非。愚謂莫若于格法外少異其禮，如銓試，如詞科、法科，試之于禮闈，考之以卿，即襴襆入場，使自别於士流，以示崇重，有官君子之意。

富鄭公以段希元、魏升平同場屋，立一舉三十年推恩之法。東坡奏云：「特奏名除近上十餘人所歸，使之臨政，必害民矣。」文豹謂彼一時，此一時，當公之時進士未如今日之多，程文未如今日之工。如公《濁醪有妙理賦》，除首聯外，後七韻盡只説酒，全不見濁醪意；《刑賞忠厚之至論》，望空使堯三宥事；《形勢不如德論》，正未知出處。使公見乾淳以來至今日之三場，猶將放出一頭地。正科中尚或有叨忝者，若特科則皆老師宿儒，屢請文解，馳名上庠者，日暮途遠，不得已苟就而未始甘心焉。故太學有詩曰：「名第雖分正特科，算來正特不爭多。頭無大小皆烏幞，身有短長俱緑羅。手只一般槐木簡，脚無兩樣墨皮靴。止緣命裏爭些子，莫道文章不似他。」

劉元城《乞不就試狀》云：「王景興師事楊賜、傅燮，及郡將舉孝廉，後聞其喪，皆去官行服。近世臣僚，薦辟磨勘，舉者亡没，亦皆報罷。臣學于司馬光，晚蒙推薦，今光薨謝，臣安敢復求榮進。」文豹謂今人何止棄其師而背其舉主，至有匿其親之訃而就試，聞所生之喪不去官行服者。

温公子康中第，公奏留國子監聽讀。何參政澹，年二十一，魁南省，父玉雪先生遺就上庠從游，後以緑衫隨諸生迎駕，孝宗召入祕書。

趙鞏監昇暘宫酒庫，虜使至，問：「趙夫子今何官？」館伴問：「何人？」曰：「趙鞏，其《皇帝清問下民賦》，吾州後生以爲矜式，呼趙夫子。」館伴曰：「今爲郎官。」即日除司封郎中。

真宗問唐酒價，丁晉公曰：「三十一升。」引杜詩「速宜相就飲一斗，恰有三百青銅錢。」然按《食貨志》，建中三年，置肆釀酒，斛收直三千。貞元二年，令酤者斗輸百五十。王維詩「長安美酒斗十千」，樂天詩「十千沽得斗」。則唐酒價初無定。

嘉熙四年科舉，蜀士避地者並赴寓試，出萬點蜀山尖詩，《韻略》無尖字，于時不聞有上請者。又杜詩「痛飲已判人共棄」，《韻略》亦無判字。

仁宗郊祀，詔祝册官讀御名勿興。高宗策進士，有犯御名者，上曰：「朕豈以己妨人進取。」萊公當軸，人避其諱，去十爲准，至今文書承用之。

文氏本姓敬，避石晉諱，各用一偏，或姓文，或姓苟。然《玉篇》苟字在艸部，敬字在苟部，苟音棘，非苟字，文字在攴部，攵音樸，非文字。

高内翰文虎。作《西湖放生池記》，以「鳥獸魚鼈咸若」作禹事，其子疎寮作《蟹略》，以林和靖「草泥行郭索」作杜詩，父子皆爲博聞强記所誤。

惟揚之揚從才，《爾雅》云：江南之氣勁躁，其世輕揚也。惟字《史記》作維，揚雄之揚亦從扌，故本傳謂無他揚于蜀。史傳中杆格、格殺之格，皆如字讀，惟《戰國策》形格勢禁及《漢書》格五字，注音各，然《廣韻》注：格，古伯反，至也，亦博屬。格五但行箭以格殺。退之詩：「胡蠅不須驅，暮蚊不可拍。蠅蚊滿八區，可盡與相格。」則如字讀分明。如《禮記》杆格字，亦當如字讀，陸德明硬作户隔反。《韻略》以經書中字特收入，《廣韻》則無，蓋德明多如此。如以告朔爲牿朔，惠鮮爲惠蘚，孫謀爲遜謀，三省、三復、三思、三接三字皆作去聲，雖自有意義，要不若如字讀爲平易。至以盡力、盡禮、盡善、盡美，皆作儘，尤礙理，惟虚坐盡後，食坐盡前，二句如此讀有味。

孟子曰：「君子之厄于陳、蔡之間，無上下之交也。」或問何謂上下之交，曰：孟子在宋有遠行，餽金七十鎰；在薛有戒心，餽五十鎰。有言于鄭子陽曰：「列子居君地而窮，若不好士。」子陽乃以君命輸之粟，此上交也。晉文公過曹，曹不禮焉，僖負羈餽盤飧，寘璧焉，公受飧反璧。顔魯公在江淮絶糧，鄱陽校卒蔡明遠載米賙之，公貽書謝焉，此下交也。當困厄時，無上交則下交可也。

紹定三年春，李全犯泰州，太守宋濟率官屬十九人，開門迎賊。明年，逆全授首，十九人逮繫帥司，教授高横槎夢月。自陳不與迎賊之列。越三日，本學諸生列狀謂迎賊時先生稱疾不赴，元夕賊送油燈，先生曰：「先聖豈受不義之物。」裂而碎之。由是行下本州詣實，監司帥守及大學二十齋交章稱薦，得旨轉三官。誥詞曰：「海陵失守，長吏迎降。爾爲教官，獨不污賊。倉皇變故之際，可以觀士君子矣。疊進三官，用勸多士。」横槎字明卿，閩人，今以祕書郎知處州。

自古取蜀將帥皆不利。漢岑彭、來歙討公孫述，遭刺客之禍。魏鄧艾、鍾會討劉禪，皆族滅。後唐郭崇韜、康延孝、魏王繼岌討王衍，皆死。國朝王全斌、崔彦進討孟昶，皆坐廢。開禧間，楊巨源、李好義討吴曦，皆爲安子文所殺。

四明沈起監真州倉，以父疾委官歸侍，爲有司所劾，仁宗曰：「赴父疾而加罪，何以厚俗。」詔釋之。淳祐四年，時相以憂去國，有檢詳者去留未決，乃以母老乞假探上意，范揆判曰：「士大夫有九十之親，聞病即趨，聞喪即赴，何以假爲。」時徐中書嘗奏，乞令臣子終喪。文豹投之詩曰：「父子恩情盡死生，囊封歷歷爲開明。羣陰方晦吾先覺，萬馬皆瘖我獨鳴。忠孝於人千古重，去留在己一毫輕。玉上萬疊高無際，未抵先生節與名。」

朱孝子壽昌。揚州人，以將作簿知閬州【一〇】。七歲時，父出其母，不相知者五十年，因棄官，灼臂燃頂，刺血寫經，行四方求之，熙寧初，得于同州。韓公、温公以下皆有詩。後嗣派居建康溧水縣之茆城，有孚卿者，其四世孫也，兩魁鄉薦，補入太學。詩集在焉，高參政定子。近嘗爲之跋。

有術士云，世間貴命多，富命少，今至貴莫如宰相，不數年輒出一人，闔京城内外，藏鏹百萬者能幾。此説誠然，蓋貴者出于一時際會，起徒步，掉三寸舌可取將相封侯，若富者非藉鎡基，歷勤苦，積以歲月，累以錙銖，則不可以驟致。此《洪範》所以言富不言貴也。《史記》曰：「牧馬二百蹄，牛蹄角千，百六十七頭。千足羊，千足彘，千石魚陂千章之

【一〇】以將作簿知閬州　「閬」原作「聞」，據《宋史》卷四五六《朱壽昌傳》改。

材，安邑千樹棗，燕秦千株栗，江陵千樹橘，淮濟千樹萩，梓木。陳夏千畝漆，齊魯千畝桑麻，渭川千畝竹，名國萬家之城，帶郭千鍾之田，千畝巵茜，千畦薑韭，其人皆與千户侯等。」注：户二百，曰千户者，二十萬也。

帝釋以大寶輪鏡照四天下，寅午戌月臨南贍部州。晉、宋間崇佛，以此爲三陽月。晉穆帝納后，以九月忌月。北齊高洋受禪，或曰五月不可入官。今上官者忌此，至以節氣爲準，尤可笑。

《詩》曰：「朝隮于西，崇朝其雨。」蓋東繼北用事，少陽不能勝老陰，故春常餘寒，若東北風起而雲趨于西，必雨。《易》曰：「密雲不雨，自我西郊。」蓋西繼南用事，少陰不能勝老陽，故秋常餘熱，若西南風起，而雲趨于東，必晴。今雲起西郊，安得雨。

戊辰、己巳、戊戌、己亥日，爲木頭點土，須陰雨。梁次張詩：「歲次屬金知稔熟，木頭點土驗滂沱。」

甲以乙爲弟，己爲妻，辛爲官，戊爲財，壬癸爲父，丙丁爲子，惟庚金見克，常對立用事。又庚者更也，故《易》稱三甲三庚，俗以甲庚日占晴雨。

世稱三陽，謂婺州東陽，温州平陽，處州松陽，以其難治也。然吾州七邑，風俗不甚相遠，松陽何獨得此名。永嘉蔡子重宰是邑，書桃符云：「我與斯民同一性，誰言此邑號三陽。」此語得之矣。

唐《王璵傳》：「漢以來喪葬皆瘞錢，後世俚俗稍以紙代錢，爲鬼事。玄宗好神仙，璵始用之。」韓文公《謁衡岳》詩：「手持盃珓導我擲【一一】，云此最吉餘難同。」《列子》，秦之西有儀渠國，其親死，聚柴焚之，薰則煙上，謂之升遐。魯伐齊，將戰，公孫夏命其徒歌虞殯，示必死。田横自殺，從者不敢哭，爲歌以寄哀。此燒紙、拋珓、焚尸、挽歌之始也。

靖康間，漢兒發孔子陵，粘罕問高慶緒孔子何人，曰：「古大聖人。」罕曰：「大聖人墓豈可發！」盡殺之。

張無垢請丁晉公玉帶事，忽悟而語其子曰：「昔夢人告我，見玉帶時來。吾其死矣。」是夕，得疾竟卒。

詩可以爲，可以不爲，有其才，有其時，有其興，則爲之可也；志于功名，志于事業，則不爲可也。詩不可無體，亦不可拘于體。蓋詩非一家，其體各異，隨時遺興，即事寫情，意到語工則爲之，豈能一切拘于體格哉。近世詩人好爲晚唐體，不知唐祚至此，氣脈浸微，士生斯時，無他事業，精神伎倆，悉見于詩。局促于一題，拘攣于律切，風容色澤，輕淺纖微，無復渾涵氣象。求如中葉之全盛，李杜元白之瑰奇，長章大篇之雄偉，或歌或行之豪放，則無此力量矣。故體成而唐祚亦盡，蓋文章之正氣竭矣。今不爲中唐全盛之體，而爲晚唐哀思之音，豈習矣而不察邪。

杜工部流離兵革中，更嘗患苦，詩益悽愴。《憶舍弟》詩：「戍鼓斷人行，邊秋一雁

【一一】手持盃珓導我擲　「持」原作「特」，據讀畫齋本及《五百家注昌黎文集》卷三改。

聲。露從今夜白，月是故鄉明。」《孤雁》詩：「誰憐一片影【一二】，相失萬重雲。望盡似猶見，哀多如更聞。」其思深，其情苦，讀之使人憂思感傷。東坡《卜算子》詞亦然。文豹嘗妄爲之釋，「缺月挂疎桐」，明小不見察也。「漏斷人初靜」，羣謗稍息也。「時見幽人獨往來」，進退無處也。「縹渺孤鴻影」，悄然孤立也。「驚起卻回頭」，猶恐讒慝也。「有恨無人省」，誰其知我也。「揀盡寒枝不肯棲」，不苟依附也。「寂寞沙洲冷」，寧甘冷淡也。

又公《秦州》詩：「鼓角緣邊郡，川原欲夜時。秋聽殷地發，風散入雲悲。抱葉寒蟬靜，歸山獨鳥遲。萬方聲一概，吾道欲何之。」王洙注：「聲，鼓角聲也。時方用武，吾道無所施。」此説非也，蓋公以論房琯坐貶，歎言者如寒蟬，而已如獨鳥，萬方一概，我道其誰與歸。漢杜密曰：「劉勝位居大夫，聞善不薦，見惡不言，隱情惜己，自同寒蟬。」

詩有一聯一字，喚起一篇精神。杜詩《新婚别》：「妾身未分明，何以拜姑嫜。」則是未成婚已别，可見征行之速。《鵝兒》詩：「引頸嗔船過，無行亂眼多。」一嗔字盡鵝兒之狀。《望觀弟未至》：「待爾嗔烏鵲，抛書示鶺鴒【一三】。」望人未到之時，抑鬱藴結之情，抛與嗔字盡之矣。《禹廟》詩：「雲氣生虚壁，江聲走白沙。」一生字走字，古廟頓有神氣。

杜詩：「宛馬總肥春苜蓿，將軍只數漢嫖姚。」梁次張詩：「蕃馬步銜青苜蓿，羌兒卧唱白銅鞮。」壓倒少陵矣。然又未若東坡二句云：「萬馬不嘶聽號令，諸蕃無事樂耕耘。」子美《月》詩：「捲簾還照客，倚杖更隨人。」不如太白二句感發，曰：「今人不見古時月，

【一二】誰憐一片影　「誰」原作「惟」，據《九家集注杜詩》卷二九改。

【一三】抛書示鶺鴒　「抛」原作「抱」，據國圖本及《九家集注杜詩》卷二八及下文改。

今月曾經照古人。」又「結束多紅粉，歡娱恨白頭」。不如康節二句風韻，曰：「花見白頭人莫笑，白頭人見好花多。」李頎詩：「請量東海水，看取淺深愁。」李後主詞：「問君還有幾多愁，恰似一江春水向東流。」秦少游則以三字盡之，曰：「落紅萬點愁如海。」而語益工。劉改之《多景樓》詩：「江流千古英雄淚，山掩諸公富貴羞【一四】。」一空前作矣。

古今詩人，間見層出，極有佳句，無人收拾，盡成遺珠。梁次張《題釣臺》：「直令萬乘高凡眼，不道人間例是貪。」鄭克詩：「只緣是處人情好，贏得平生醉日多。」陳夢建《鷺》詩：「溪清水淺魚能幾，莫遣泥沙惡雪衣。」陳秋塘詩：「不知筋力衰多少，但覺新來懶上樓。」姜梅山詩：「詩到淡中方有味，事無心處却成功。」趙東山詩：「野屋往來少，春雲晴雨多。」前輩詩：「醉輕浮世事，老重故鄉人。」

吴門王平子《題雪獵圖》：「烽火一息三千年，漢家將軍畫凌烟【一五】。胡兒不識征戰事，龍沙萬里今桑田。麗譙聲裏梅花月，雲暗雪深風色惡。長嘶一騎驄蟬聯，狼帽氈裘寒矍鑠。鞲鷹走犬登平岡，狂狐剔眼魂飛揚。貫鶻落雁真戲劇，高鳥略盡良弓藏。鳳鳴居士雙眼碧，少年讀書勇無敵。但知横行翰墨場，豈料一禽終不獲。向來百非今已無，筆端有口聊自娱。故將胸中磊落事，寫作人間雪獵圖。」平子尤工小詞，有《謁金門》云：「書一紙小砑吴牋香細，讀到别來心下事，蹙殘眉上翠。怕落旁人眼底，搓向抹胸兒裏，針線不忺收拾起，和衣和悶睡。」雪川姚寅詩：「南村老婆頭欲雪，曉傍牆陰採桑葉。我

【一四】劉改之多景樓詩江流千古英雄淚山掩諸公富貴羞　按：劉過《龍洲集》有兩首《多景樓》詩，皆不見上述兩句。韋居安《梅磵詩話》已指出「或以爲劉改之之詩，誤矣」。厲鶚《宋詩紀事》，實爲趙善倫之詩。

【一五】漢家將軍畫凌烟　「畫」原作「盡」，據讀畫齋本改。

行其野偶見之，試問春蠶何日結。老婆斂手復低眉，未足四眠那得知。自從紙上掃青子，朝夕餧飼如嬰兒。只今上筐十日許，食葉如風響如雨。夜深人静不敢眠，自遶牀頭逐飢鼠。又聞野祟能相侵，典衣買紙燒蠶神。一家心在陰雨裏，只恐葉溼繰難均【一六】。明朝滿簇收銀繭，軋軋車聲快如剪。小姑促湯娘剥紕，嬉嬉始覺雙眉展。繰成白雪不敢閒，錦上織成雙鳳團。天寒尺寸不得着，盡與及翁輸縣官。君不見，長安女兒嫩如水，十指不動衣羅綺。我曹辛苦徒爾耳，依舊績麻冬日裏。」

《長恨歌》：「上窮碧落下黄泉，兩處茫茫都不見。」人謂是目連救母。孟浩然詩：「春眠不覺曉，處處聞啼鳥。夜來風雨聲，花落知多少。」人謂是盲子。荆公宅乃謝安所居地，有謝公墩，公賦詩曰：「我名公字偶相同，我宅公墩在眼中。公去我來墩屬我，不應墩姓尚隨公。」人謂與死人爭地界。

吾鄉潘先生元龜，授婺州教授，鄰居徐先生用亨，亦呼教授，因作詩曰：「誰把先生號冷官，令名深愧馥秋蘭。孟公豈是陳驚座，子夏元非杜小冠。涇渭合流雖若混，雲泥敻絶不相干。寄言世上多風鑑，一笑何妨改眼看。」

陳漫翁監轉般倉，與鎮江守喬平章爭一事，平章乞回避，漫翁得嶽祠，吏持牒索回文，漫翁就書一絶云：「硯乾筆秃墨糊塗，半夜敲門送省符。擲得幺幺監嶽廟，恰如輸了選官圖。」

【一六】只恐葉溼繰難均　「溼」原作「温」，據讀畫齋本及《宋詩紀事》卷七三引《吹劍録》載姚寅《養蠶行》改。

史文昌號雲麓，賦詩著成集，内有一聯云：「閒雲盡日相隨逐，只有朱雲挽不來。」

稼軒帥越，招劉改之，不去，而寄情《沁園春》曰：「斗酒彘肩，風雨渡江，豈不快哉。被香山居士，約林和靖，與東坡老，駕勒吾回。坡謂西湖，正如西子，濃抹淡粧臨鏡臺。二公者，皆掉頭不顧，只管傳杯。白云天竺去來【一七】，圖畫裏崢嶸樓觀開。愛東西二澗，縱横水遶，兩山南北，高下雲堆。逋曰不然，暗香浮動，只好孤山先探梅。須晴去，訪稼軒未晚，且此徘徊。」此詞雖纚刺而局段高，與三賢游，固可眇視稼軒。視林、白之清致，則東坡所謂淡粧濃抹已不足道，稼軒富貴焉能挽我哉。

天台有謝耘者，號犂春，繪《一犂春雨圖》，求詩于諸公。一時名達，如樓公鑰、李公壁、陳公宗召、易公彦章、程公懷古諸賢，長章大篇，累百十首，惟劉改之一首，道出其骨髓，曰：「阿耘無田食破硯，養親日糴供朝飯。凝塵壁上挂瓶罍，寒日牕前照藜莧。汝父訓汝汝當知，有田無田未可期。有田不耕汝懶病，無田説田真畫餅。畫田之外更畫牛，捕風捉影何時休。頭上安頭又詩軸，全家不應猶食粥。」

詩惟頌德詠物難工，蓋欲指實也。徐進齋得古銅香爐具象鼻眼，《博古圖》謂之象鬲，屬余賦之，雖不足言詩，聊記曾見。其一：「在象數前鍾鼻眼，出囂塵外鑄形模。傳香到手親曾見，全勝人看《博古圖》。」其二：「願得身游海外天，蓬萊頂上覓沉箋。爲君喚起槐安夢，細讀《南華内外篇》。」泉州守王庭珪《香譜》云【一八】：「箋次于沉，出占

【一七】白云天竺去來　「云」原作「雲」，據《龍洲詞》改。

【一八】泉州守王庭珪香譜云　按：《海録碎事》原序爲「知泉州軍事葉庭珪」，又按：《宋史》卷二〇五，《香譜》作者爲葉庭珪，疑「王」爲「葉」之誤。

城國。」

省題詩雖場屋末技，間有以此見取，如湘靈鼓瑟詩：「曲終人不見，江上數峯青。」鴻雁來賓詩：「江南知有主，塞北遠來賓。」涼風新過雁詩：「係帛書猶溼，銜蘆跡未陳。」仲秋夜迎寒詩：「露凝仙仗肅，風獵舞衣單。」林士表進農書詩：「有書來進御，無語不關農。」程懷古紅藥當階翻詩：「黃麻方草罷，紅藥正花翻。」陳伯震開簾出遠山詩【一九】：「修眉濃淡裏，寸碧有無間。」鄧伯秀鈎簾宿鷺起詩：「任我時舒卷，從他自去留。」朱縉清文媲皇猷詩：「冰玉詞新吐，塵埃氣不留。」陳瑄風幔不依樓詩：「似嫌秦閣小，欲際楚天游【二〇】。」皆主司所刮目。劉允成夜雨剪春韭詩：「杜老情何限，東風夜雨春。炊粱留客款，剪韭薦時新。」按此題乃子美《謝衛處士留飲》云：「問答猶未已，兒女羅酒漿。夜雨剪春韭，新炊間黃粱。」初不干子美事。陳思溫勳業頻看鏡詩貼看鏡云：「塵蹤猶隱豹，風采幾臨鸞。」看鏡何關蹤跡事，爲改曰「精神期畫像」。吾鄉盛先生庶分教京庠，每教人破詩，須有來歷，如《夢魚》詩：「玉燭和薰日，金穰瑞應初。豐年知有象，吉夢兆維魚。」不睡安得夢，改曰：「樵牧歸來後，清風一榻虛。」云云。又斬蛇詩：「皇統承堯運，朱旗啓漢家。未誅秦始鹿，先斬沛中蛇。」無劍如何斬，改作：「三尺英雄劍，鋒鋩漂鏌鋣。」云云。

高蟾未第詩：「天上碧桃和露種，日邊紅杏倚雲栽。芙蓉生在秋江上，不向春風怨未開。」雍容閒雅，全無蹙迫氣象。至賈浪仙則云：「下第惟空囊，如何住帝鄉。杏園啼

【一九】陳伯震開簾出遠山詩　「簾」原作「林」，據讀畫齋本及《宋詩紀事》卷五八改。

【二〇】欲際楚天游　「游」，讀畫齋本及《宋詩紀事》卷五八作「浮」。

百舌，誰醉在花旁。淚落故山遠，病來春草長。知音逢豈易，孤棹負三湘。」略無一毫生氣，宜其終生流落不偶。余常愛蟾詩，因對梅用其韻云：「在嵓谷裏何人管，向雪霜中底處栽。驀忽芳華動京國，萬花頭上一枝開。」然終不似其意之富貴。

大江東去詞，三江、三人、二國、二生、二故、二如。二千字，以東坡則可，他人固不可。然語意到處，他字不可代，雖重無害也。今人看人文字，未論其大體如何，先且指點重字。

容齋云：「徐凝詩極有好句，自東坡詆其《瀑布》詩爲惡詩，其詩遂爲世所棄。」文豹謂此猶可也，步舒以仲舒高園殿災説爲大愚，仲舒至于下獄。看人文字，須平心定氣，反覆推詳，豈可輕下雌黄。

◎俞文豹撰

吹劍續録

許沛藻　劉宇　整理

東坡在玉堂，有幕士善謳，因問：「我詞比柳詞何如？」對曰：「柳郎中詞，只好十七八女孩兒，執紅牙拍板，唱『楊柳外，曉風殘月』。學士詞，須關西大漢，執鐵板唱『大江東去』。」公爲之絶倒。

學者犯不韙，斥先聖名，自唐人始，雖韓文公亦然。我朝諸公亦未有知其非者。《莊子》云：「仲尼語之以爲博」，東坡《寶墨堂記》特改作「孔丘語之以爲博」。子由《和歸去來辭》曰：「或以佞而疑丘。」文豹前集嘗論之。近閲柳文，見其前後所稱不曰夫子、孔子，則曰仲尼父，則知子厚有識也。

逕庭出《莊子》，庭，勅定反，言激過也，今多讀作亭。膠擾出《莊子》，膠音攪，今多讀作交。蕞爾出《左傳》，蕞，徂外反，小也，今多讀作撮。綸綍出《禮記》，綍即紼字，今多讀作孛。隃度出《漢書》，隃音遥，今多讀作踰。墨尿、眠娗出《列子》，墨音郿，尿音痴，言媚相諛悦也；眠音緬，娗音淟，言柔膩不决裂也。

《書》始于唐、虞，以五帝之盛也。四《詩》皆始于文王，以三王之顯也。《春秋》始于魯隱，以遜國之賢君也。《史記》取此義，《世家》則首泰伯，《列傳》則首伯夷，此子長之識見也。然孔門弟子不附于《孔子世家》後，而列于白起、王翦之後，以老子與韓非同傳，以子貢列之《貨殖》，淳于髡既有傳，又載之《滑稽傳》，滑稽又何必傳，此子長之失也。

南軒云：「古不墓祭，非略也。知鬼神之情狀，不可以墓祭也。神主在廟，墓以藏體魄而祭之，于義何居？」文豹以爲《詩》云：「維桑維梓，必恭敬之。」以父母之所植，猶致敬焉，況體魄之所藏乎。子路去魯，謂顔淵曰：「何以贈我。」曰：「吾聞之也，去國則哭于墓而後行，反其國不哭，奠墓而入。」孔子葬泗上，子貢廬于塚六年，魯世世以歲時祀孔冢，禮甚厚，聖門許之。蔡邕曰：「古不墓祭，殆謂上陵之禮可省。今觀威儀，則知明帝至孝，出于天性，不可奪也。」晉武帝欲謁文帝陵，羣臣以秋暑，恐帝感動傷摧，帝曰：「得奉瞻山陵，體氣自佳耳。」今士大夫捐親戚，棄墳墓，而游宦他州，至有樂其風土而遂家焉，如歐、蘇諸公皆然。是固未敢輕議，要之父母之邦，墳墓所在，豈容恝然。周公反葬于成周，孔子遲遲于去魯，鍾儀在晉而操南音，高祖都關中而拳拳于豐沛，皆仁厚之意。宣和間，中書侍郎馮熙載與宰相王黼不協，言者以熙載不省墓黜之。

太宗崩，有馴犬號呼不食，遣送陵所。徽宗北狩，四太子請王婉容爲粘罕子婦，上遣之，曰：「好事新主。」及行，大哭曰：「何忍以一身事二主。」就輿中以奩刀自刎。太子曰：「南宋大臣未有如此者。」擇地葬之，立碑曰貞婦冢。錢唐僧惠勤，與歐公遊，及公卒，每對人語，未嘗不流涕。愚謂婉容，妾婦也；僧，夷教也；犬，畜類也，而有德性焉。

今忘恩背義之人，如趙憬之負陸宣公，白敏中之負李衛公，張洎之負寇萊公，温仲舒之負李文穆，蔣之奇之負歐陽公，吕惠卿之負王荆公，所謂未乾薦稱之墨，已彎射羿之弓，曾此婦此僧此犬之不若。予雖寒素，見負者尤多，況士大夫利害相關，寵辱相摩，又可知已。此翟公所以大書其門也。惟韓魏公善處此境，凡人語及其所不平，氣必動色必變，辭必厲，公則不然，聞小人忘恩負義欲傾己處，色和氣平，若道尋常事。

太宗御書《戒石銘》，頒行天下矣。至紹興二年六月，復頒黄庭堅所書，命州縣長吏刻石坐右。然守令之貪酷者，視如不見。輕薄子附益之曰：「爾俸爾禄，難稱難足。民膏民脂，轉喫轉肥。下民易虐，纔投便著。上天難欺，且待臨期。」

大觀三年五月，天子視學。孟翊袖出卦象一軸，以爲本朝火德，當中微，有再造之象，行將見之，宜有大更革。上怒，編管海州死。後七年，金人入寇，高宗中興。

松陽縣民有被毆，經縣驗傷，翌日引驗，了無瘢痕。宰推詢之，乃仇家使人要歸，飲以熟麻油酒，卧之火燒地上，覺而疼腫盡消。又有肩髀中創，血如箭出，醫者以炒原蠶蛾末傅之，立止。更云前方亦治攧撲，後方亦治金瘡。

徽廟試畫工，以「萬緑枝頭紅一點，動人春色不須多」爲意。衆皆妝點花卉，惟一工于屋樓縹緲緑楊隱映中，畫一婦人，憑欄立，衆工遂服。

歐公女適張氏，夫死，攜孤女歸父家，嫁公族子晟。晟之官，至宿州，赴郡宴，歸而失其舟。捕至京師，得之。開封府勘，乃梢人與晟妾通，妻知而欲笞之，反爲妾所誘，併與梢人通。府尹承言路風旨，令張氏引公以自解。獄奏，仁宗大駭，遣中使王昭明監勘，而張氏反異，公雖得明白，猶坐以張氏奩具買田作歐陽户名，出知滁州。時劉煇挾省闈見黜之恨，賦《醉蓬萊》詞以醜之。

《華陽宫記》出于蜀僧，《東都事略》遂具載焉，殊失國史之體。輒爲删煩附録于此，以寓黍離之意：政和初，詔作壽山艮嶽于禁城東隅，輔以太湖靈壁之石，最高一峯九十丈，其餘岡阜，亦十餘仞。築層臺于上，隨其斡旋盤曲之勢，而爲徑路。憑險則設磴道，飛空則架棧閣。山上山下，珍禽奇獸，以億萬計。鑿池爲溪澗，壘石爲隄捍，隨石之性，不加斧鑿。又因土積爲岡陵，山骨暴露，峯稜如削，飄然有雲姿鶴態，曰飛來峯。高于雉堞，翻若長鯨，腰徑百尺，植梅萬本，曰梅嶺。接其餘岡，種丹杏、白杏，曰杏岫。增土壘頳石爲山，因其自然，而植以椒蘭，曰椒崖。接衆山之末，增土爲大坡，植檜柏萬數，結爲幢蓋鸞鶴蛟龍之狀，曰龍柏坡。循壽山而西，種竹數百步，有同本而異榦者，又雜以對青竹，曰斑竹麓。又以紫石徑數仞，貼山卓立，山陰置木櫃，絶頂鑿深池，車駕臨幸，則開閘注爲瀑布，曰紫石壁、瀑布屏。環艮嶽之麓，琢石爲梯，曰朝真磴。州上植梅棠，曰海棠川。山之西有園，曰藥寮。宫室臺榭，巋然其間，曰瓊津殿、絳霄樓、萼緑花堂。臺高九仞，周覽都城，近若指顧。萬山之間，有碧虚洞天，開三洞門，以通前後。中建八角亭，榱椽窗檻，間以瑪瑙石。琢其地爲龍礎，道景龍江東出安遠門，以備龍舟東幸擷景二園。西浙景龍門，以幸曲江池亭，復自瀟湘江亭開闢，通金波門，北幸擷芳苑。隄外築營壘衛之，瀕水皆桃、海棠、芙蓉。又于其旁作野店，麓治農圃。開東西二關，夾懸嵓磴。凡自苑中登羣峰，皆由此出入。道絶窄險，石多鋒稜，過者股栗。又爲勝遊六七，曰躍龍澗、漾春陂、桃花閘、雁池、迷真洞。總名爲華陽宫。然華陽大抵衆山環列，就中得平蕪數十頃爲園囿，而闢宫門于西。大石百餘，林立左右，名曰神運昭功敷慶萬壽峯，獨居道中。廣百圍，高六仞，錫爵盤固侯，蓋以石亭。高立五十丈，御製記文，親揮宸翰，碑高三丈，其餘衆石，或儼然而立，或奮然而起，或翼然超羣，或殊然危坐，或傴僂而取，或奔如赴鬭。其他軒榭，各有巨石，皆御筆賜號于其首。惟神運峯前羣石，金飾其字，餘皆青黛。曰朝日、御日、吐月、排雲、卿雲、鎖雲、蟬雲、棲霞、棲烟、捫參、衝斗、雷穴、雷門、風門、日觀、月窟、瑞靄、堆青、凝碧、壘秀、叢秀、獨秀、躋螭、坐獅、巢鳳、時龍、金鰲、玉龜、玉龍、玉秀、玉寶、溜玉、噴玉、藴玉、琢玉、稜玉，雕琢渾成、登封矯首、萬壽老松、蓬瀛須彌、老人壽星。其在渚曰翔龍，在津涘曰舞仙，在洲中曰玉麒麟，冠于壽山曰南屏小峰，附于池上曰伏犀、怒猊、儀鳳、烏龍，列于沃泉上曰留雲、宿霞。又有藏烟谷、滴翠岩、搏雲屏、積雪嶺。其色黄而仆于亭際曰抱犢天門。又有二大石，配神運峯而異其居，有亭庇之。其在環春堂曰玉京獨秀太平岩，在蕚緑華堂曰慶雲萬態奇峯。其餘不可殫記。靖康初，九祖秀秀避虜其中【一】。時大雪新霽，四望林壑，如在玉山瑤苑中，因此筆而記焉。

【一】九祖秀秀避虜其中　按：《華陽宫記》爲釋祖秀所撰，疑衍一「秀」字。

〔宋〕俞文豹撰

吹劍三録

許沛藻　劉宇　整理

序

陳忠肅公瑩中好讀書，至老不倦。每觀百家之文，及醫卜等書，開卷有得，則片紙記録，粘于壁間。環座既遍，即合爲一編，前後凡數十册。文豹是編之續，至再至三，亦猶是也。淳祐戊申中和節，書于堪隱堂，且爲四集張本。

文豹續集妄以《大學》格物之説爲扞格之格，謂格去外物，則良知至矣。或謂《詩》曰「有物有則」，《易》曰「君子以言有物」，《傳》曰「納民于軌物」，《孟子》曰「萬物皆備于我」，則物亦善端也。愚按《樂記》曰：「人生而靜，天之性也。感于物而動，性之欲也。物之感人無窮，人之好惡無節，則是物至而人化物也。人化物者，滅天理而窮人欲也。」審如此説，是在内則爲物，在外則爲欲，余所謂格去外物，正謂此也。

八卦中乾、坎、震、巽、離、兑皆主乎動，惟坤爲地，艮爲山，屹然安靜。學道之人，艮與謙卦最爲第一義，蓋喜怒愛惡欲皆生于有所見，吉凶悔吝皆生于有所爲。艮，止也，回顧其背而無所見，則百念皆無。謙，退也，恬退自守而無所爲，則何咎之有。故二卦中除艮之九三，其餘諸爻皆吉。

人常言性氣，蓋性每爲氣所移。孔子曰：「性相近也，習相遠也。」孟子于《公孫丑篇》論養氣，于《盡心篇》則言養性。蓋血氣定則本性還，少壯之時，血氣方剛，中人以下，不知存養，未免跌宕繩檢而暴露圭角。逮其年齒高而形體化，更歷多而識見長，皮毛剥落，氣質渾成，則向之跌宕者自然悔悟，圭角自然消磨。東坡詩云：「我生本强梗，少以氣自擠。扁舟到江海，赤脚攬象犀。邇來方自悟，留氣下短臍。」公至是涵養始熟。

極者，止也，盡也，中之准也，不可過此之謂也。《書》言皇極，謂五居九疇之中，于此立爲中道之極，使無過與不及爾。自孔安國釋爲大中，世遂靡然從之。凡傳記中極字，皆注作中。以極爲中，猶《易》注以貞爲正，正何足盡貞之義？晉紀瞻論《易》太極云「極者盡之稱，既極則生兩儀」，此説是也。

文豹前集謂晦菴解孟子自反而縮，以縮爲直，于義未安。或爲《檀弓》云：「古者冠縮縫，今也衡縫。」《儀禮》：「射算十純。則縮而委之，有餘純則横于下。」是以縮爲直。晦翁固有所據也。文豹謂二説下文皆有横字，故因得起縱横之義。若獨用縮字，如《左傳》云「無以縮酒」，史傳言縮地、贏縮，其可訓爲直乎？以理言之，自反而直，雖千萬人可往，如晦翁之説可也。自反而謙退，雖千萬人可往，如文豹之説亦可。以字言之，以縮爲直，終有所疑。文公大儒，固不敢輕訾，吾輩試平心商搉。

「以直報怨」者，非謂以怨報也。蓋憤怒者人之常情，與其矯情以强忍，不若直情而徑行。周公于管叔，當誅則誅，非有心于修怨也。孔子於陽貨，當絶則絶，不容心于匿怨也。然以直報怨易，以德報德難，凡人皆能記人怨，鮮能記人恩。當貧賤或急難時，資人拯援，痛之後，則如《詩》云「將安將樂，棄予如遺。忘我大德，思我小怨」矣。凡辜恩負義者大率如此，正當以不責報待之。

《論語》本記聖門言行日用常行之道，諸家訓解，愈索愈深。如時習者，不過曰時時習熟耳。而先儒乃謂有日中時，如昏定晨省，朝聽晝訪，中夜以思，坐以待旦之類；有時中時，如春夏學干戈，秋冬學羽籥之類；有歲中時，如五十學《易》，七十從心之類。

「因不失其親。」明道曰：「因恭信而不失。」伊川曰：「因不失于相近。」范純夫曰：「所因者自親始。」吕與叔分爲三專。謝顯道曰：「君師友皆可親。」尹彦明曰：「因其近禮義。」晦菴曰：「因，依也，依不失可親者。」南軒曰：「因恭信而親禮。」洪容齋曰：「義禮多至不親。」汪從正曰：「有所因于人。」危巽齋曰：「親于士因不失其爲士。」楊泳齋曰：「因義禮而不失父母之心。」文豹謂信不近義，則輕諾寡信；恭不近禮，則令色足恭。寡信足恭，所親叛之，因其近禮近義，斯不失其親。

韓文公《孔子廟碑》云：「自天子至郡邑，通得祀者社稷與孔子。然社稷不屋而壇，豈如孔子用王者事，巍然當坐。」文豹按：《禮記》：「天子大社，必受霜露風雨，以達天地之氣。故喪國之社屋之，不受天陽也。」如此則社稷不屋而壇，意固有在。蓋古者惟祖宗廟食，其餘雖天地亦不屋而壇。

佛入中國，至與儒教並行，其亦有自。常觀《周禮》韎師掌教韎樂，旄人掌教舞夷樂。鞮隄字。鞻履字。氏掌四夷之樂與其聲歌，祭祀則舞而歌之。《樂記》昧，東夷之樂也；任，南蠻之樂也。納蠻夷之樂于太廟，廣魯于天下也。《詩》以《雅》以《南》，以籥不僭注，東夷之樂曰昧，南夷之樂曰南，西夷之樂曰朱離，北夷之樂曰禁。祭祀皆兼用之。蓋歷代之樂惟以五音配十二律。損益相生，終于六十。自元魏、高齊、宇文周，皆以戎狄雄據中原，故依律歌謳，因其國俗，盡用夷變夏矣。周武帝時，有龜茲國人曰蘇祇婆，隨突厥入朝，善琵琶，一均之中，間有七音。鄭譯以其七調演之，其一曰婆陁力，華言平聲，即宫音也。二曰鷄識，或曰鷄食，華言長聲，即商音也。三曰沙識，華言質直聲，即角音也。四曰沙侯加濫，華言應聲，即變徵音也。五曰沙臘，華言應和聲，即徵音也。六曰般贍，或曰般涉，華言五聲，即羽音也。七曰俟利箑，華言斛牛聲，即變羽音也。譯因而彈之，始得七聲之正。就七調中又有五旦，華言均也，其聲應黄鐘、太簇、南吕、姑洗，遂因其所捻琵琶絃柱，相倚爲均。推演其聲，更立七均，合成十二，以應十二律。律有七音，音主一調，故爲七調。十二律合爲八十四調。唐興，祖孝孫、張文收因之以造郊廟及燕樂，而八十四調之法遂大備。高祖初年，首以舞胡安叱奴爲散騎侍郎。太宗平高昌，盡收其樂，凡十部，曰龜兹、曰疎勒、曰安國、曰康國、曰高麗、曰西涼、曰高昌、曰讌樂、曰清伎樂、曰天竺，凡燕享皆奏之。明皇尤所愛好，如羯鼓曲者，夷樂也，故以戎羯名之。明皇乃謂羯鼓八音之領袖，非他樂可比。嘗一日聽琴未終，遽曰：「令花奴取羯鼓來，爲我解穢。」其他如渾脱隊、潑寒胡、蘇幕遮、合生歌、葱西踏歌之類，喧播朝野，薰染成俗。文人才士乃依樂工拍彈之聲，被以長短句，而淫詞麗曲，布滿天下矣。國朝雖建大晟府，鼎新雅樂，而聲容節奏，亦只用唐八十四調。凡雅、俗二部，悉踵宇文之舊。文豹因是以觀唐、虞、夏、商之世，雖有三苗、蠻夷、荊楚，而未嘗深入爲寇。自周人通道于九夷八蠻，雜用四夷之樂。方其盛時，懷畏賓服，及其衰也，戎心玩侮，窺伺憑陵。幽、厲之時，遂至交侵中國。晉至取戎女，狄至滅衛國，齊至用萊兵，趙至服胡服，秦至以夷狄并天下，漢至以公主妻單于，則佛之盛也宜哉。雖然，釋教以善道誘人，儒教猶得以并行。夷樂以淫聲蕩人，雅樂遂至于盡廢。世變至此，雖豪傑之士無所施矣。故我徽宗欲廢佛教，易靴爲履，示禁胡服之漸。

韓臯聞鼓琴至《止息》，歎曰：「美哉嵇康之爲是曲，其當晉、魏之際乎。其音主商，商爲秋。秋者，將摇落肅殺，其歲之晏乎。晉承金運，商，金也，知魏之方季也。其商絃與宫同音，臣奪君之義，知晉之將興也。王陵、毋丘儉、文欽、諸葛誕，繼爲揚州都督，皆以謀興，復爲司馬氏所殺。揚州故廣陵地，陵等皆魏大臣，故名其曲曰《廣陵散》，言魏之散亡自廣陵始。《止息》者，言晉雖暴興，終止息於此。其憂憤躁蹙，憯痛迫脅之音，盡于此矣。永嘉之亂其驗也。康避禍，故託以神授而不敢傳之。」文豹謂今日立國江左，廣陵實重地，此曲在所當廢。而琴家往往謂其操長難彈，反以爲第一。淳祐六年春，都人有閻伯壽者，以摘阮被宣，亦稍知琴，有旨令彈《廣陵散》，閻謝不能。惜其不知此義，不能因此奏而罷之。《唐·百官志》云：「天寶後詩人多爲流寓之思，乃託興于江湖僧寺，而樂多以邊地爲名。至其曲偏繁聲，則謂之入破，言破碎云。」余見今樂工奏大曲纏會段數中，必有入破聲，無者則謂之舞曲破，蓋沿襲唐舊也。在今日皆當禁止。

「池塘生春草，園柳變鳴禽」，本非傑句，而靈運得意焉者。有謂康節云「禽鳥飛類，得氣之先」者。故堯定四時，必以鳥獸。《豳風》及《月令》占候，皆以倉庚、鴻雁、蜩鵙、沙鷄、蚯蚓、螻蟈等，蓋曆家出于人事，禽鳥得于天機，最可占驗。靈運意亦然，謂池塘方生春草，園柳已變鳴禽。曰變者，言其感化之速，往往人未及知。靈運意到而語未到，夢中忽得之，故謂有神助。數百年後，會此意者杜子美也。然其詩曰「蟻浮仍臘味，鷗泛已春聲」，已字早露圭角。至陸龜蒙詩「鳥聲渾欲囀，草色故應知」，又益淺露矣。則知晉、宋間詩高妙簡古，非唐人可及。

淵明詩「結廬在人境，而無車馬喧。問君何能爾，心遠地自偏。採菊東籬下，悠然見南山。山氣日夕佳，飛鳥相與還。此中有真意，欲辨已忘言」。東坡和云：「小舟真一葉，下有暗浪喧。夜棹酒中發，不知枕幾偏。天明問前路，已渡千銀山。嗟我亦何爲，此道常往還。未來寧早計，已往復何言。」韋蘇州《寄全椒道士》詩：「今朝郡齋冷，忽憶山中客。澗底拾一作束。荊薪，歸來煮白石。欲持一尊一作瓢。酒，遠慰風雨夕。落葉滿空山，無處尋行跡。」東坡和云：「一杯羅浮春，遠餉采薇客。遥知獨釣罷，醉卧松下石。幽人不可見，長嘯聞月夕。聊戲庵中人，飛空本無跡。」杜詩：「小奴縛鷄出市賣，鷄被縛急相喧爭。家中厭鷄食蟲蟻，不知鷄賣還遭烹。鷄蟲得失何厚薄，吾叱奴兒解其縛。鷄蟲得失無了時，注目寒江倚山閣。」山谷倣此云：「小黠大痴螗捕蟬，有餘不足夔憐蚿。退食歸來北窗夢，一江風月趁漁船。」愚謂陶、韋、杜三詩結尾，自是詩人造玄入妙處。如機動籟鳴，非思索可到，又豈模倣所能及。近世詩人，攻晚唐體，句語輕清，而意趣深遠，則謂之作家詩。餖飣故事，語澀而旨近，則謂之秀才詩。觀應物《全椒》詩，初無一字援引，而超清高遠，與坡公所和者不同矣。

頃見有古琴袋織成一詩云：「自來行止賦驕奢，更有何人力可加。分得御溝新鑿址，占他農地别栽花。樓臺夜宴停紅燭，妓女春梢俵絳紗。大醉不知光景去，難逃雙鬢染霜華。」疑是孟蜀或藩國宗戚所作，春梢者，春末也，二字甚新。

韋應物贈元常全貞二生詩：「誰知風雨夜，復此對牀眠。」東坡《與劉寺丞》詩：「中和堂後石楠樹，與君對牀聽夜雨。」又《宿淨行院》詩：「林下對牀聽夜雨，靜無燈火照淒涼。」則同游皆可言對牀。自子由《别東坡》詩云：「悞喜對牀聽夜雨，不知漂泊向彭城。」又坡《寄子由》詩：「雪堂風雨夜，已作對牀聲。」由是人以對牀爲兄弟事。

杜子美愛君之意，出于天性，非他人所能及。岑參詩：「聖朝無闕事，自覺諫書稀。」杜詩則云：「明朝有封事，數問夜如何。」孟浩然詩：「不才明主棄，多病故人疎。」明皇曰：「卿不求朕，朕何嘗棄卿。」杜詩則云：「聖朝無棄物，老病已成翁。」《長恨歌》：「六軍不發無奈何，宛轉蛾眉馬前死。」杜詩則云：「未聞夏殷衰，中自誅褒妲。」元微之詩：「寥落古行宫，宫花寂寞紅。白頭宫女在，閒坐説玄宗。」杜詩則云：「少陵野老吞聲哭，春日潛行曲江曲。江頭宫殿鎖千門，細柳青蒲爲誰緑。」杜牧詩：「樽前豈解憂家國，輦下惟應社弟兄。」杜詩則云：「弟妹悲歌裏，朝廷醉眼中。」樂天詩：「退身江海應無用，憂國朝廷自有賢。」杜詩則云：「在家當早起，憂國願年豐。」元稹詩：「無妨思帝里，不合厭杭州。」杜詩則云：「帝鄉愁緒外，春色淚痕邊。」高適《人日》詩：「身在遠藩無所預，心懷百憂復千慮。」子美和之則云：「遥拱北辰纏寇盜，欲傾東海洗乾坤。」山谷《浣花圖引》云：「中原未得平安報，醉裏眉攢萬國愁。」狀盡子美平生矣。

楊誠齋《臘肉》詩云：「霜刀切下黄水精，玉斧削出紅松明。」松明固非斧不可削，然割一臠肉，方用霜刀，又換玉斧，似失之俳。杜子美《薤》詩「東比青蒭色，圓齊玉筯頭」，全不費斧鑿。

東坡《贈楊耆》云：「西蜀楊耆，二十年前見之甚貧，今復見益貧，所異于昔者，蒼顔白髮耳。女無美惡富者妍，士無賢不肖窮者鄙。使者逢時遇合，豈必減當世之士哉。」文豹閲此二語，撫己感懷。續成三韻曰：「女無美惡富者妍，士無賢愚窮者鄙。世無善相九方皐，良馬亦隨凡馬死。紛紛俗眼何時青，徙倚寒窗嗅花蕊。」

東坡效歐陽體作《雪》詩，不用鹽、玉、鶴、鷺、絮、蝶、飛、舞、皓、白、潔、素等字，中間云「老僧斫路出門去，寒液滿鼻清淋漓。洒袍入袖溼靴底，亦有執板上階墀」，其他形容皆類此。然古今雪詩，不犯東坡所記字，如鄭谷「亂飄僧舍茶煙溼，密洒高樓酒力微。江上晚來堪畫處，漁人披得一簑歸」。又盧次春「看來天地不知夜，飛入園林總是春【一】」。二詩亦未易及。

【一】飛入園林總是春　此句後張宗祥有案語「《續揮犀》作盛次仲詩」。

開禧丁卯舉，余兄弟赴浙漕附試。友人王文子夢余兄弟不冠而行，舊僕江安持芙蓉兩朵隨後。及揭榜，余兄詣舉，余魁次榜，即往訪王。行至新門，見江安携兩芙蓉自門外來，就令其隨從。紹定庚寅，余在全少卿館下，因賞雙芙蓉，屬余賦之，曰：「霜葩相逐曉風開，依約英娥舊粉腮。西帝似嫌秋冷淡，故教雙玉伴多才。憶昔鴒原傳薦鶚，雙娥曾入夢中魂。卿卿尚有憐才意，更約來秋伴玉昆。」明年余詣江東漕舉。芙蓉有兩種，曰水芙蓉者，荷花也；曰木芙蓉者，拒霜也。《楚辭》曰：「芙蓉始發，雜芰荷些。」注：「荷者，芙蓉之莖。」漢昭帝游柳池，有芙蓉，香氣聞十里外。蕭緬曰：「庾杲之汎緑水，依芙蓉，何其麗也。」時以王儉府爲蓮花池，此水芙蓉也。韓文公《木芙蓉》詩：「新開寒露叢，遠比水邊紅。麗色寧相妬，佳名偶自同。」柳子厚《木芙蓉》詩：「麗景別寒水，穠芳委前軒。芰荷諒難比，反此生高原。」此木芙蓉也。

杜子美流離兵革中，其詠内子云：「香霧雲鬟溼，清輝玉臂寒。何時倚虚幌，雙照淚痕乾。」歐陽文忠、范文正矯矯風節，而歐公詞云：「寸寸柔腸，盈盈粉淚，樓高莫近危欄倚。」又：「薄倖辜人終不憤，何時枕上分明問。」文正詞云：「都來此事，眉間心上，無計相迴避。」又：「明月樓高休獨倚，酒入愁腸，化作相思淚。」林和靖《梅》詩及「春水淨于僧眼碧，晚山濃似佛頭青」之句，可想見其清雅。而《長相思》詞云：「君淚盈，妾淚盈，羅帶同心結未成，江頭潮已平。」情之所鍾，雖賢者不能免，豈少年所作耶。惟荆公詩詞未嘗作脂粉語。

唐悦齋仲友，字與正。知台州，朱文公爲浙東提舉，素不相得，至於互申。壽皇問宰相二人曲直，對曰：「秀才爭閒氣爾。」悦齋眷官妓嚴蕊奴，文公捕送囹圄。提刑岳商卿行部疎決，蕊奴乞自便，憲使問去將安歸，蕊奴賦《卜算子》，末云：「住也如何住，去也終須去，若得山花插滿頭，莫問奴歸處。」憲使笑而釋之。文豹謂楚則失矣，齊亦未爲得，怒於室而色於市，蕊奴何辜而遷怒焉。

東坡《贈東林長老》云：「溪聲便是廣長舌，山色豈非清淨身。夜來八萬四千偈，他日如何舉似人。」山谷改曰：「溪聲廣長舌，山色清淨身。八萬四千偈，如何舉似人。」時謂上二句腰斬，下二句處斬。

東坡問秦少游：「别後有何作？」少游舉「小樓連苑横空，下窺繡轂雕鞍驟」。坡曰：「十三個字只説得一人騎馬樓前過。」文豹亦謂公次沈立之韻「試問别來愁幾許，春江萬斛若爲情」，十四字只是少游「愁如海」三字耳。作文亦如此。又少游《曲游春》云「臉薄難藏淚」，又云「哭得渾無氣力」，又云「但掩面滿袖啼紅」，一詞乃至三言哭泣。

吕許公乞休致，薦陳文惠堯佐。爲代。文惠自同州入相，因許公誕日，獻《踏莎行》云：「二社良辰，千家庭院，翩翩又覩雙飛燕。鳳凰巢穩許爲鄰，瀟湘煙暝來何晚。亂入紅樓，低飛緑岸，畫梁輕拂歌塵散。爲誰歸去爲誰來，主人恩重珠簾捲。」許公喜，命文惠歌之。歌畢，公笑曰：「只恐捲簾人已老。」文惠應聲曰：「莫愁調鼎事無功。」文豹謂拜官公朝，謝恩私門，至形之啓劄，尤爲淺露。若文惠此詞，則辭隱而義彰矣。愚常代人催舉削，作《喜遷鶯》云：「小梅幽絶。向冰谷深深，雲陰羃羃。飽閲年華，慣諳冷淡，只恁清臞風骨。任他萬紅千紫，勾引狂蜂游蝶。惟只共、竹和松，同傲歲寒霜雪。喜得。化工力。移根上苑，向陽和培植。題品還經，孤山處士，許共高人攀折。一枝垂欲放，只等春風披拂。待葉底、結青青，恰是和羹時節。」

林侍郎栗守四明，嘗禱雨應。吏請謝諸廟，公書紙尾曰：「東坡詩云：『半年不雨坐龍慵，共怨天公不怨龍。今朝一雨聊自贖，龍神社鬼各言功。』」余謂此坡公有所激云耳。人神一也，有施必有報，有祈必有謝，《載芟》《良耜》之詩，爲祈報作也。

漢馬臻爲會稽守，立鑑湖，淹侵冢宅。有千餘人詣闕訴臻，坐棄市。順帝遣使覆按，並不見人，檢會名籍，皆是死者，乃廟而祀之。《會稽志》。

憲宗伐蔡之功，孰如肅宗之興復。元結《磨崖頌并序》，僅二百六十八字。韓文公《平淮西碑并序》，乃千五百餘字。碑記固非頌比，然東坡《表忠觀碑》，非不詳贍，亦止八百餘字。故柳子厚謂退之此碑，猶有帽子，莫若便説用兵伐叛事。蓋自起頭至入事，凡二百字，皆是泛引。若以文論，則孫覺謂其序似《書》，銘似《詩》。固可奴僕段文昌之作，若論謹嚴，終不如《磨崖》、《表忠》等作。故次山自謂老於文學，荆公謂《表忠觀碑》似司馬子長《楚漢以來諸侯王表》。

作文援經須對經，史須對史，三代須對三代，漢、唐須對漢、唐。荆公詩：「一水護田將緑繞，兩山排闥送青來。」護田、排闥，皆漢事。東坡詩：「嵇紹似康爲有子，郄超叛鑒似無孫。」皆晉人。稼軒上梁文：「吾亦愛吾廬，卿自用卿法。」皆晉語。若樂天詩：「周公恐懼流言日，王莽謙恭未篡時。」則非類矣。四六亦然，丁公表：「補仲山之袞，雖曲盡於小心；和傅説之羹，卒難調於衆口。」補袞、和羹，小心、衆口，皆經語。若夏英公表：「禮當枕塊，忍聞夷樂之音；義不戴天，難下穹廬之拜。」枕塊、戴天、夷樂皆經語，穹廬則出《漢書》。東坡草文潞公乞退批答云：「師尚父九十，秉旄仗節，猶未告老，此諸葛恪所以屈張昭也。衛武公百年，猶箴儆于國曰，無以老耄而捨我，此左史倚相所以誨申公也。」援引可謂親切。惜以倚相對張昭爾，似不必此二句。劉貢父夢至一官府，見案間文書一軸，云在宋爲蘇軾，逆數而上，十三世爲漢鄒陽。錢冰華濟明祭東坡云：「降鄒陽於十三世，夫豈偶然；繼孟軻於五百年，吾無間也。」上聯實事，下聯凑對，且非套數。李梅亭賀宣樞啓：「天民非予覺而誰也，惟尹暨湯；宰相以來則爲之，安劉必勃。」曾公次元賀鄭相啓：「伊尹恥其君不及堯、舜，惟時懋哉；鄭公求之古則若夔龍，其揆一也。」如此類者甚多，皆非套數。

啓劄中頌德，已是浮誇，今誥詞尤甚。每大除拜，内外制代言，務爲諛辭。褒揚舖述，極其工緻。花對草、禽對獸、南對北、緑對紅，無復人主告臣下之體。嘗觀漢武帝策封廣陵王曰：「大江之南，五湖之間，其人輕心；揚州保疆，三代要服，不及以正。嗚呼，悉爾心，祇祇兢兢，乃惠乃順。毋相好逸，毋邇宵人，惟法惟則。《書》云：『臣不作福作威，靡有後羞。』王其戒之。」文中子謂漢制詔幾典誥，信哉。如《微子之命》及《康誥》等篇，即今誥詞也。微子周賓，故略稱其善，然亦不過曰「爾維踐修厥猷，舊有令聞。恪謹克孝，肅恭神人」數語而已。至于《康誥》則諄諄戒飭，未嘗一言稱美之。至云「小子封恫瘝乃身」，猶言以東土病汝，毋以有國爲樂也。孝宗曰：「朝廷批降，如士人作文，須字字鍛鍊。」文豹每覩皇上御筆批降，辭語簡明，而義意詳盡，隱然有典誥之風，反勝於代言者。

鶡，勇雉也。鬭不能止，一死乃已。趙武靈王取以爲冠，賞戰士。《漢·輿服志》：「武冠以青絲爲緄，加雙鶡尾。豎左右，號鶡冠。」然杜詩云：「佳辰强飲食猶寒，隱几蕭條戴鶡冠。」注云：「隱士冠。鶡冠子，楚人，隱居山中，以鶡爲冠，著書言道家事。」文豹謂隱冠純用鶡，武冠但豎雙尾耳，名同而制不同。黄霸以鶡爵爲神，鶡音芬，字同而音不同。

張衡《靈憲序》：「月者陰精，積而成獸象兔，其數偶。羿請不死之藥於西王母。羿妻嫦娥竊之奔月，是爲蟾蜍。」韓文《毛穎傳》云：「竊嫦娥騎蟾蜍，入月。」《酉陽雜俎》云：「月桂高五百丈，西河人姓吴名成，學道有過，謫令伐樹，斫之創隨合。或言蟾蜍地影也，常空處水影也。佛書言須彌山閻扶樹及山河影。」荆公言：「月中彷彿有物，乃山河影。」東坡詩：「明月本自明，無心孰爲境。挂空如冰鑑，寫此山河影。我觀大瀛海，巨浸與天並。九州居其間，無異地盤鏡。空水兩無質，相照俱耿耿。妄言桂兔蟇，俗説皆可屏。」

越滅吴，使吴王居甬東。辭曰：「孤老矣，焉能事君。」乃縊。越歸其尸于吴。秦攻周，赧王奔秦，獻其邑三十六。秦受之，而歸赧王于周。武王伐紂，紂自焚死。武王至紂所，自射之三發，而以輕劍擊之，以黄鉞斬紂頭，懸於太白之旗。紂妾二女皆自經，武王又射三發，擊以劍，斬以玄鉞，懸於小白之旗。文豹竊疑子長得之傳聞，若武王果如此，是勾踐、始皇之不若。《左傳》云：「楚圍許，許男面縛銜璧。楚逢伯曰：昔武王克殷，微子啓如此。武王親釋其縛，受其璧而祓之，焚其櫬，禮而命之，使復其所。」武王於微子如此，況紂乎。子貢曰：「紂之不善，不如是之甚也。」張南軒曰：「孔門待紂甚忠厚，孟子則以一夫名之。紂既自燔死，武王復親斬之。紂，君也。武王嘗北面事之，忍爲之乎。使孟子當其時，必爲誅紂之事矣。」胡文定公曰：「兵家之勝負，在人主之曲直。紂師如林，武王數其不事宗廟，賊害諫輔之罪。則商曲而周直，故周勝。」文豹謂以罪則紂曲，以義則商直。三分天下有其二，商不伐周而周伐之，固得爲直乎。商之民所以倒戈者，以紂暴虐，不肯用命耳，非師曲也。佐湯伐桀者，伊尹也；佐武王伐紂者，太公也。孔子序《湯誓》

曰「伊尹相湯伐桀，升自陑」。至序《洪範》，則止曰「武王勝殷殺受」，而不及太公，何也。蓋湯以前未有伐君之事，湯亦未敢遽爲此舉。自伊尹五就桀也，覘其國，觀其政，知桀爲可伐。知陑爲間道，可以出其不意，乃導湯爲之。湯既非本心，所以有慚德。若武王，則援成湯之例，挾諸侯之力，奮意而行之，不待太公之謀也。

東坡《書説》云：「湯與桀，敵國也。伊尹往來其間，皆聞其政，而兩國不疑。則尹聖人也，其道大矣。」文豹謂伊尹乃桀之叛臣，湯之謀臣也。負鼎而干湯，往返而五就，相湯而伐君，間道而出師，放君而居攝，皆非人臣之正道。若在春秋時，則爲權謀矣。故夫子未嘗一言及之，獨于序《書》曰「伊尹相湯伐桀」，又曰「伊尹放諸桐」。曰相、曰放，罪之深矣。孟子以爲聖之任而等之伯夷也，非孔子之意，況許以聖人乎。若湯則聖人也，以臣伐君，逆知來世必以爲口實。及武王伐紂，果曰：「夏桀弗克若天，天乃佑命成湯，降黜夏命。」又曰：「我伐用張，于湯有光。」至周公，又曰：「天乃命爾祖成湯革夏。」曰：「乃大降顯休命于成湯，刑殄有夏。」則湯之言驗矣。然湯止于放桀，武王乃殺紂。

《儒行》云：「今衆人之命儒也妄常，以儒相詬病。」注：「妄，無也，言今世稱儒無有常人。」文豹謂今人稱儒也妄，故人常以儒相詬病，常字屬下句。

《小旻》詩：「如彼築室于道謀，是用不潰于成。」師訓相承，皆作兩句。文豹謂當作三句：「如彼築室」作一句，「于道謀是用」作一句，「不潰于成」作一句。蓋上文云：「匪先民是程，匪大猷是經。維邇言是聽，維邇言是爭。」則下文是字亦當如此點。

晦庵謂孟子説七八月，乃今之五六月；説十一月十二月，乃今之九月十月。文豹謂此説是也。蓋禾稼在五六月未成稻，故孟子謂之苗。《左傳》曰：「凡土功，龍見而畢務，戒事也。火見而致用，水昏正而栽。」注：「今九月乃周十一月。龍星見，農務畢，則戒土功之事。火星見則致築之物，十月定星中則興作。栽，才代反。立板榦也。」文豹因思商、周、秦以丑、子、亥建正，特爲人事履端爾，若天時則未嘗易。《傳》曰「十月爲陽」，《詩》曰「四月維夏」，「六月徂暑」，「七月流火」，皆用夏時。《春秋》每年所以必書四時者，以見月則周月，時則夏時也。漢初仍秦以十月爲歲首者。班固于帝紀每年不書正月，書初冬十月者，用此例也。至武帝元封七月，用太初曆，始以寅爲正月，至今行之。

伏羲作八卦，文王方重爲六十四。《繫辭》所舉十三卦，除乾、坤、離三卦，餘十卦皆神農、黄帝、堯、舜時所未有，蓋聖人假此以明諸卦之義耳。如益卦雖未畫，而耒耜之利已有益之義。睽卦雖未畫，而弧矢之威已有睽之義矣。

東坡《田制論》曰：「井田之興，其必始於唐、虞之世。非唐、虞之世，則周之世無以成井田。唐、虞啓之，夏、商稍稍葺治，至周而大備矣。」文豹按：杜佑《通典》云：「黄帝經始土田，設井以塞爭端。立步制畝，以防不足。八家爲井，井十爲隣。隣三爲朋，朋三爲里。里五爲邑，邑十爲都。都十爲師，師十爲成。」又林少穎曰：「黄帝制八家爲井，井開四道。分八宅，鑿井于中，則井田始于黄帝也。」又曰：「管仲作内政，孟子欲正經界，則是時井田已壞，至秦始盡廢。」又曰：「阡陌之開自晉作爰田始。蓋古之田畝，南北十步，東西百步。歲不易者爲上田，家百畝；一易者爲中田，家二百畝；再易者爲下田，家三百畝。一易者休一歲，再易者休二歲，不盡地力，所以自古有年也。晉欲悦民以利，因之以作州兵，不問一易再易之田，破其疆畛，使民自耕，不問年之水旱凶荒也。至商鞅，始以二百四十步爲畝。昔之南北十步者，同爲百步，故謂之陌。昔之東西百步者，開之爲千畝，故謂之阡陌。拓土疆，除去煩細，令民自盡力其間，正欲增兵耳。田愈廣則兵愈多也。」

《司馬法》：「六尺爲步，步百爲畝。」周公亦用此法。自商鞅以二百四十步爲畝，歷代用之。伊川云：「古者百畝止當今之四十一畝，今之百畝，當古之二百五十畝。」

横渠曰：「鄭、衛之音，號爲淫樂。蓋地濱大河，沙土不厚，故其人輕浮；地土平下，故其人柔弱。所以聲音隨之，聞其樂自然解慢。其土不甚費耕耨，物亦能生，故其人偷脱怠墮，弛慢頽靡。古所謂息土之民不才者，此也。若四夷則據高山溪谷，故其氣剛勁，常能勝中國。」文豹謂澤國之人柔弱，山國之人强健，固必然之理，然亦係乎方土。自古關隴以西，幽燕以北，人皆剛健，勇於戰鬭者，以西北嚴凝之氣使然。兩浙與江東西山最多，其民卻多脆弱，而亦罕見兵革，蓋居東南温厚之地也。惟淮甸山水相半，其民自古常衽金革。在成王時三監及淮夷叛，在伯禽時徐戎並興，在宣王時淮浦繹騷，在漢時淮南王謀反。由三國至今日，每南地分裂，則兩淮荆襄，常爲戰爭之地。憲宗誅淮蔡，四年而後克。

《丘中有麻》詩一章曰：「丘中有麻，彼留子嗟。」二章曰：「丘中有麥，彼留子國。」三章曰：「丘中有李，彼留之子。」留者，大夫氏，子，嗟字也。周莊王時，賢如子嗟亦放逐，國人見其所種植，思其人又思其父，又思其子。今劉姓出於此。

王莽自謂黄帝之後。蓋黄帝姓姚，八世生舜，武王封舜後於陳。陳公子完奔齊，姓田氏，至田和有齊國，稱王，齊人因謂之王家。故韓文《太原王公碑》云：「王氏皆王者之後，在太原者爲姬姓。春秋時，王子成父敗狄有功，因賜氏。至東漢，隱士烈居祁縣，因號所居鄉爲君子鄉，公其君子鄉人也。」

月與日并明，皆天子所敬事。而詞人墨客，以嫦娥之説吟謔嘲弄，極其褻狎。至云：「一二初三四，蛾眉天上安。待奴年十五，正面與君看。」

詩人之意，多在言外。《猗嗟》詩本刺魯莊公不能防閑其母，而乃美其威儀伎藝。《君子偕老》詩本刺衛夫人淫亂，而乃稱其姿容服飾。《芄蘭》詩本刺宋惠公驕而無禮，而乃詠其觿韘容遂。皆謂其德之不稱也。《凱風》詩不言其母之淫，但稱其性之善，所以感動之也。《四牡》詩不言行役之勞，但言其不遑將父母。《東山》詩不言征伐之勞，但言其不暇顧室家。所以深閔念之也。

息乖爭，銷忿怒，召和氣，洽人情，其惟酒食。周人治内之詩六，而言燕飲者四詩。至云：「有酒湑我，無酒酤我。」東坡云：「隗囂所以不肯降者，以光武不喜飲酒也。」文豹嘗見蓋守鈞宰休寧，每兩爭公事，則不務引問，先酌以巨觥，復縱夷輩與羣飲，已而請和者，十常八九。

房千里《骰子選格序》謂：「今人升沉進退，不係乎賢不肖。其幸不幸，偶不偶，猶是也。」文豹謂用捨在時，窮通有命，固未易言。今學校者，公論之所在，而大小職事，率以月書季考分數定差，分數到則賢否老釋皆所不論，公議安在。

顔魯公《祭伯父文》，末云：「到東京獲伸拜掃，以伯母河南縣君元氏配，尚享。」此亦是一格。

兄弟多不協者，非必以尺布斗粟也。蓋一人有一人意見，一人有一人規模，自是不能相同。故禮有異室之制，法有析居之條。《詩》云：「脊令在原，兄弟急難。」又曰：「喪亂既平，既安且寧。雖有兄弟，不如友生。」蓋脊令，水禽也。在原野失所，則思羽翼之助，猶之兄弟惟急難時，則有望手足之助。然安平之後，不應以友生而遂疎兄弟，故又曰：「儐爾籩豆，飲酒之飫。兄弟既具，和樂且孺。」

唐敬播曰：「兄弟比父子爲輕，官爵但蔭子孫，不逮昆季，安得榮隔其蔭，而罪同其罰。請自今反逆惟父母坐，不及兄弟。」

《左傳》王求后于齊，對曰：「夫婦所生若而人，妾婦所生若而人。」哲宗選后，以庶出爲疑。或者，國朝有明德皇后故事。劉公摯曰：「以傳言之，夫婦之子，妾婦之子，皆可備采擇。以禮言之，必著外祖官氏者，明當用嫡也。明德乃太宗藩邸妃爾。」文豹謂禮言著外祖官氏，不言著外祖母官氏。藩邸稱妃，登極即爲后，其婦一也。

紹興十五年，始取僧道免丁錢。律院散僧五千，禪寺宫觀道士散衆二千，長老知事法師紫衣師號六字四字，次第增至十五千，年七十及廢疾者免。由是諸大刹及宫觀，皆計置特旨，免徭役科敷，而州縣盡敷其額於民間。僧道誠爲民蠹，山谷《承天寺記》曰：「儒者每謂一佛寺之費，耗生民十家之産。然自省事以來，國家無大軍旅勤民之役，則水旱疾疫，連數十州，豈生民之産業盈虚有數，非人所能勝耶？」此山谷之失辭也。湖北漕陳舉訐其語爲幸災，羈管宜州。

祖逖鎮雍丘，石勒患之。爲逖修祖父墓，置守塚二人。逖深德之，禁無得侵暴趙人。田承嗣叛，代宗命李正己討之。承嗣圖正己像，焚香事之。正己悦，按兵不進。奸雄之人，固不恥於屈節，而巧佞之媚人，雖祖逖之英烈而甘心焉。

汪彦章在翰苑被論，賦《點絳唇》曰：「新月娟娟，夜寒江静山銜斗。起來搔首，梅影横窗瘦。好個霜天，閒却傳杯手。君知否？亂鴉啼後，歸興濃如酒。」或問歸興何在亂殢後，曰：「無奈此一隊畜生何。」李實謫華州，韓文公遺書曰：「接過客俗子，絶口不掛時事，務爲崇深。」范堯夫謫永州，人稀識面。客苦欲見，則寒暄已，揖客對卧，鼻息如雷。蘇子由謫潁日，不與人相見，終日默坐。蓋待罪省愆，法當如此。楊惲免爲庶人，乃作詩譏諷，宣帝所以殺之。近世士大夫有被論而不勝憤狷，輒騰口辨析，反激上怒。殊不知主威所加，如雷霆震擊，豈容攖觸。況風聞論事，不實無罪，却許郊後陳乞改正，每赦文必該載此條。項雲藪容孫。以浙東提刑被論，及起爲屯田郎，欲以前郊恩奏族姪，部胥以論罷後不曾改正沮格之。世變相激，極則必反，春秋以來，篡弑之禍極矣。故秦人嚴爲尊君卑臣之法，士大夫轉喉觸諱，放踵就戮，此風既成，迄漢、唐未殄。至仁如文、景，而忍於薄昭、條侯，則韓、彭、英、盧何憾焉；至明如宣帝，而失於趙、蓋、韓、楊，則黨錮之禍無足怪矣。三國、六朝不足道。唐太宗，英主也。而劉洎、張蘊古以無罪誅，又何怪乎。羅織之慘，惟我朝以仁厚傳家，除贓吏外，未嘗輕殺士大夫。徽宗北狩，猶以衣帛書報高宗曰：「藝祖有誓約藏太廟，誓不殺大臣及言事官。」嗚呼，仁哉。

霍光以蔡義可專制，用爲相。李林甫以陳希烈柔易，薦爲相。楊國忠以韋見素安雅易制，奏爲相。蕭嵩以韓休柔易，薦爲相。陸贄謂今命將苟求易制者。元載以裴冕老病易制，舉爲相。張九齡與嚴挺之、蕭誠善，挺之惡誠佞，勸九齡去之，九齡曰：「嚴太苦切，蕭軟美可喜。」李泌曰：「公爲相而喜軟美者乎？」王沂公語錢文僖曰：「曾之才不及公，而猥先柄用者。以人畏公，而不畏曾也。」文豹嘗見《天寶遺事》云：「明皇既相李林甫，曲宴近臣。見檻中盆池新魚數頭，曰：『鮮活可愛。』林甫曰：『賴陛下恩波所養。』九齡曰：『此猶陛下用人，但能裝景，助兒戲爾。』」噫！九齡知惡林甫，知諫明皇，而乃甘受蕭誠之佞，以九齡如此，況人主乎。

舒元輿阿附李訓，得爲相。訓欲收人心，由散地起裴度、鄭覃等。元輿作《牡丹賦》，末云：「美乎后土之産物也，使其華如此之偉，何前代寂寞而無聞，今則昌然而大來。」蓋侈其事以阿訓也，及死於甘露之禍。文宗因觀牡丹，讀其賦泣下。

《書》曰：「馬牛其風。」《傳》曰：「風馬牛不相及。」風，逸也。不言逸而言風者，嘗見父老云：「牛馬見風則走，牛喜順風，馬喜逆風。」

《左傳》絳縣老人曰：「臣生之歲，正月甲子朔，四百有四十五甲子矣，其季于今三之一也。」師曠曰：「是歲也，狄伐魯，叔孫莊叔於是乎敗狄于鹹，獲長狄僑如，及虺也、豹也。而皆以名其子，七十三年矣。」史趙曰：「亥有二首六身，下二如身，是其日數也。」士文伯曰：「然則二萬六千六百有六旬也。」今横十豎五，其遺法也。

吕文穆以僕射奉朝請，太宗曰：「蒙正退在班列，想其目穿望復位。」歐公官洛陽，多出遊，留守王文康責之曰：「萊公尚以奢縱敗死，況公等乎。」永叔振笏曰：「萊公之禍，不在盃酒，在老不知退爾。」蓋譏文康也。文豹謂士大夫不能秉高節，輕去就，致爲人主所鄙薄。曾不思未達之時，望一第、求一官而不可得，今地位至此，亦可知足矣。而豢於富貴，安於順境，鐘鳴漏盡，行且不止。每見執政大臣，或以災異，或以齟齬，不得已出國門，謂之做禮數。坐待使宣押，隨即回車。近時惟趙參政葵。之去國也，以小輿昏暮出關，扁舟急槳，飄然長往。及朝廷知而追之，竟莫知所適從。其次則徐祕書霖。之去也亦然，雖御批慰諭，宰執勉留，終於不反。後漢周景爲河內太守，每舉吏，延上後堂宴會至數四乃遣，贈送什物，無不充滿。既又選其父子兄弟事相優異，常曰：「臣子同貫，若之何不厚。」今州郡舉送進士，於勸駕之禮無望其厚，得循故事足矣。而靳者輒加裁減，蓋視公帑爲己物矣。而待士如此，於民可知。

賈黯登第，往謝杜祁公。公首問其生事，而語之曰：「凡人無生事，雖爲顯官，不能無俯仰依違。君名在第一，其學不問可知，但恐生事不足，進退不輕，而道不行爾。」文豹謂小官初仕，豈不知廉節當守，而遽起貪心。良由家食艱辛，待次日久，比及之任，費復不貲，是以苞苴賂遺之私，向爲身死而不受，今以逋負之迫而爲之。晉王述試宛陵令，頗受餽遺。王導書責之，述曰：「足自當止。」其後屢歷州郡，一無所受。使士大夫皆如此，不失爲用情。奈其間寡廉鮮恥之人，官愈尊而愈貪，禄愈厚而愈不足，田畝連阡陌，金帛如丘山，而溪壑之欲未厭。蓋謂不幸論罷，則角巾私第，初無損於毫毛，何憚而不爲貪。

晏平仲敝身羸馬。桓子曰：「是隱君之賜也。」晏子曰：「自臣之貴，父之族無不乘車者。母之族無不足於衣食者。齊國之士，待臣而舉火者三百餘人。是隱君之賜乎？」文豹謂晏子非惟好施，而先父後母，先親後疎，又有禮云。今士大夫高爵厚禄，見親族知舊之貧者，若將浼焉，何敢望其施。

《左傳》曰：「貴而能貧，民無求焉，可以後亡。」疏廣云：「富者衆之怨。」王符曰：「竊位之人，天奪其鑑。朽貫千萬不忍貸人一錢，積粟腐倉不肯貸人一斗。是以骨肉怨望，細人謗讟。」文豹謂富貴之家，人爭趨之，有所求也，有所求而不獲，則怨生焉。自古姦人竊發，盜賊恣睢，皆由士大夫貪酷。民不堪命，故乘時肆志，以洩其憤。晉孫恩之亂，所在醢諸縣令。黄巢反，遇官吏皆殺之。方臘叛，得官吏皆斷其肢體。近世積粟之家遇荒旱則長價閉糴，饑餓之人忿無所施，輒羣起搶劫，縱火焚廩。莊子云：「刻核太甚，必有不肖之心應之。」种放晚節侈飾營產，門人戚屬恃勢肆强，歲入益厚，以工部侍郎卒。乾興元年七月，永興軍言，放無子，有賜書及田宅，法當没官。仁宗取賜書，以田宅給近親。温公曰：「積書子孫未必讀，積金子孫未必守。況無子孫而積書積財乎。」陳希夷嘗戒放曰：「子名將起家，必有物敗。」至是驗矣。

宣帝曰：「庶民所以相安田里，無歎息愁恨之心者，政平訟理也。」明帝時，公車以反支日不受章奏，上曰：「民廢農桑，遠來詣闕，而拘以禁忌，豈爲政之意乎？」二君之言及此，真賢主也。閭里細民銜寃茹苦，其能自直於州縣者，十猶三四。其能自直於監司者，百無二三。況能自直於臺省，而上達天聽乎？今外臺者，耳目之所寄也，急在平獄訟、伸民枉。而引放詞狀，既排日分州，又厄以書鋪之費，拘以揀狀之官，稍覺辭繁，輒以不如式引退。等而上之，若臺若省，勢愈尊而費愈重，遠方之人贏糧重趼，一狀之費，百倍州縣。及行下所屬，又如投之井底。至於守令，號爲親民，而自財賦之外，視訟牒若將浼焉。淳祐丙午春，有自貳卿出守吴門者，以素有目疾，始猶數日一出視事，久則數月一出，終歲未嘗與決一事。明年夏，以禮部侍郎召矣。此無他，考核之制不立，黜陟之法不行，故得以肆其無忌憚爾。

《大學》一書，本爲道設，而末則以財利爲言。曰「有土此有財」，曰「財聚則民散」，曰「生財有大道」，曰「仁者以財發身」，曰「百乘之家，不畜聚斂之臣」，曰「國以義爲利」，曰「長國家而務財用者，必自小人」。蓋貨利者，人情之所欲，道心稍微，則欲心乘之。小人逢君之欲，必由此入。秦皇、漢武、唐諸君，皆蹈此禍。故卒又曰：「小人之使爲國家，菑害並至，雖有善者，無如之何矣。」言小人一得志，則百君子不能勝矣。文豹嘗謂小人不可無君子，猶陰之不可無陽也。陰以肅殺爲事，慘毒既極，若無温厚之氣繼之，則生意泯絶矣。小人用事，必至極弊大壞，非有君子扶持於其後，則天下事不可爲已。荆公之後，得温公諸賢，故有元祐之治。及章、蔡相繼，而世事去矣。王鳳兄弟五人同日封侯，是日黄霧四塞。開元二十二年五月戊子，相李林甫，是日大風拔木，莽、禄之禍，實兆於此。

邵康節在天津橋聞杜鵑，曰：「南方之氣至矣，將有南人爲相，天下自此多事矣。」及荆公柄政，繼以章、蔡，而靖康之變生。

《周禮》硩族氏掌覆妖鳥之巢。以方書十日之號，十有二辰之號，十有二月之號，十有二歲之號，二十八星之號，懸其巢上則去，此即今厭禳法也。硩，他歷反。

讖兆之説，或有或無，術者以數，達者以理。子貢使吴，久而未回。孔子占之，遇鼎，皆曰：「無足不來。」顔子曰：「無足則乘舟來。」子貢朝至。劉裕攻燕，或曰：「今日往亡。」裕曰：「我往彼亡，何爲不利。」遂克之。魏王珪伐中山，太史曰：「紂以甲子亡，兵家忌之。」珪曰：「周武不以甲子興乎。」遂破之。李愬將攻吴，諸將以今日往亡。愬曰：「彼以往亡，不吾虞，正可擊。」遂克其外城。

丙午、丁未年，中國遇之必災。近衢士上丙午、丁未龜鑑【二】，謂自秦昭襄五十二年，迄五代，凡二十一次，其年皆不靖。文豹聞乾興間營定陵，信州徐仁旺請用山前地，丁晋公堅主山後。仁旺奏云：「坤水長流，災在丙午年内。丁風直射，禍當丁未歲中。」及靖康丙午，時事更易，次年丁未，高宗渡江。淳熙丁未，高宗上仙。其説皆驗。然淳祐丁未則無他異，惟自夏迄冬不雨，所在湖陂河井枯竭爾。雖然，仁旺所言，則一時事耳。而歷代皆忌此兩年。何也？意者丙午、丁未，在天之中。丙丁屬火，皆在午未旺鄉，五行中惟水火不宜旺，旺則不可救藥，非有道盛時，興王盛德，未易當也。故大撓作甲子，於丙午、

【二】近衢士上丙午丁未龜鑑「衢」，明鈔五種本作「術」。

丁未，則配以天河水，以己土蓋其上，則火不燄燄也。

淳祐戊申歲二日立春，平明風從西北乾位起。清臺奏主春寒，金鐵倍貴。既而連雨，至二月望日，雹雪交下。時朝廷權罷錢冶鼓鑄，減楮局印造之數。官吏軍兵月請，盡以銀折。估價既高，市價隨長。此一時政令爾，亦關造化。

《上官玉曆》云：「上官拜命忌正五九月，蓋本朝火德，火生於寅，旺於午，墓於戌。應公家事，並作商音用。商屬金，金敗於午，衰於戌，絶於寅，則不敢當生旺之火，示尊君弱臣也。」文豹謂此説非也。此忌自出佛書，由晉、宋以來如此，詳見前集。今京城婦女於此三月輒不茹葷，謂之三陽素。蓋崇佛教也。若如《玉曆》所言，則寅午戌年，寅午戌日，皆不當用事，何但月耶。

五月一陰生，又梅雨之時，地氣蒸溽，百物皆潤。人於此時，最難調攝。故《月令》云：「是月也，可以居高明，可以遠眺望，可以升山林，可以處臺榭。」

大運十年一交，流年災福，全在太歲與小運爾。起小運法，男一歲丙寅順行，女一歲壬申逆行，蓋寅爲三陽，申爲三陰也，當如星限以生日交。今術士皆隨太歲换，若如此則除夜生人，或夜半立春，便是兩歲。所謂丙寅、壬申，皆不及用事矣。試以生日交之法推之，災福大驗。

太廟奉神主，歲五享，宗室諸王行事。朔祭而月薦新，則太常卿。景靈宫奉塑像，歲四孟，上親享。帝后大忌，則宰相率百官行香，后妃繼之。天章閣奉畫像，時節朔望，帝后生辰，皆偏祭，内臣行事。欽先孝思殿亦神御，上每日焚香。孟享例定一日前殿，次日後殿，則宰執分詣。淳祐八年夏孟，給事中謝方叔奏，若歲令宰執分獻，則母后終無親享之時。自是上皆親詣，連日駕出，宰相例合隨駕。端平間，喬平章年踰八十，不堪乘馬，特令乘轎由別路行。俟駕回即隨從，至今爲例。

元祐間，遼使言，契丹於慶州崇奉仁宗御容。每夕宫人理衣衾，朔望大上食，食氣盡，登臺燎之，曰燒飯。

徐節孝分教維揚，設考妣几筵，思其所嗜，日以供奉。冬温夏清，執爨滌器，皆身爲之。今人於節序祭享時能如此，亦不易得矣。

蔡邕謂古不墓祭，張南軒亦以墓祭爲非。文豹《續集》嘗論之矣。觀《檀弓》曰：「有司以几筵舍奠于墓左。」注云：「以父母形體在此，禮其神也。」《周禮·冢人》：「凡祭墓爲尸【三】。」則墓祭之禮，其來已久。

濂溪先生，道州人，廣居永州。及先隴爲水所嚙，遂歸守墳墓，不復出仕。項平菴安世。本括蒼人，徙居江陵，因葬焉。其子雲藪容孫。避虜難，遷葬於峽。一向宦遊江浙，及以吏部侍郎論罷，廣居三衢。臺章再論以其不歸省墳墓，雲藪竟飲恨而卒。文豹謂墳墓之念，誰獨無之。或勢有拘繫，事與願違，不暇顧恤者，情猶可恕。其有貪榮慕得，狷狂妄

【三】凡祭墓爲尸　「尸」字原闕，據《周禮·冢人》補。

行，至於敗名喪節，爲祖先墳墓之玷。如柳子厚以王叔文之黨謫柳州，與許京兆書曰「先墓在城南，自譴逐以來，消息存亡不一至。鄉閭主守者固以益怠，晝夜哀號，懼便毁傷松柏，芻牧不禁，以成大戾。近世禮重拜掃，今已缺者四年矣。每遇寒食，則北向長號，以首頓地」云云。吁！子厚至此，噬臍何及。

韓文公作《師説》，蓋以師道自任。然其説不過曰：「師者，所以傳道受業解惑也。」愚以爲未也。《記》曰：「天生時，地生財，人其父生而師教之，君以正而用之。」是師者，固與天地君親並立而爲五。夫與天地君親並立而爲五，則其爲職，必非止於傳道受業解惑也。《孟子》曰：「君子之所以教者五，有如時雨化之者，有成德者，有達材者，有答問者，有私淑艾者。」荀子曰：「師術有四，而傳習不與焉。」蓋古之所謂師弟子者，皆相與而終身焉。難疑答問之外，則薰陶其氣質，矯揉其性情，輔成其材品。如良工之揉曲木，巧冶之鑄頑金，蜾蠃之呪螟蛉，使物物皆曲成，人人皆類我，而後爲無歉。吾夫子之陶鑄七十子，蓋如是也。觀其言曰：「吾無行而不與二三子者，是丘也。」夫無行而不與，則是無往而不以成就羣弟子爲心。是故好勇而兼人者退之，貨殖而聚斂者攻之，自晝而學稼者斥之，狂簡而直躬者裁之。或語以爲邦，或誨以干禄，或許以南面，或與以絃歌。甚者歷舉三子之長，以告武伯康子。蓋無往而不以成就羣弟子爲心，而豈止傳道受業解惑而已。然則以傳道受業解惑爲事，則世俗訓導之師，口耳之學爾。時而化之，德而成之，材而達之，而傳習不與焉。如孟、荀所云，則夫子之爲師也。知此而後可與論師道。

歲在壬午，余作《史衛王家廟頌》，今又二十七年，故我猶存，而人非物换矣。興懷往事，感而録之：皇帝踐阼二十有八年，政教清明，四夷賓服，土疆開闢，寶璽旋歸。明年歲元，上御大慶殿。握符闡珍，端拱祇受。涣發大號，疏恩臣民。相國魯公陟位師巖，即所賜第建立家廟。兩司營繕，不日告成。乃仲冬月吉告遷由，上及五世，同時奉安。越十有五日，祠官奉敕旨，假太常儀仗鼓吹，導迎尚方祭器，入備休享。宫宇嚴邃，籩豆静嘉。祀事孔明，神示咸綏，誠甚盛舉。竊惟古制諸侯五廟，唐制三品以上則廟於家，其來尚矣。然考之祭法，以勞定國則祀之，法施於民則祀之，非此族也，不在祀典，蓋德盛者光遠，功高者報豐。在昔先民，乃祖乃父，得與大烝廟食百世者，皆以勳在王室，澤被生民。然後膺此盛典，罔有愧心。若一以定制從事，則凡曰品官，皆得邀寵。故唐王珪歷官通顯，而不肯立家廟，蓋亦自泝其先世，不敢冒當寵榮爾。我朝宋莒公雖嘗有請，而爲之者獨文潞公爾。大觀及紹興以來，將相大臣勳戚之家，始皆循舊制而建立焉。然求其閥閱相傳，父子繼相，豐功盛德，前後交輝，膺廟祀而無愧焉者，中興以來，史氏一門而已。蓋我忠定越王，以大名德，爲時鉅公。際遇三朝，終始一節。至輔導壽皇聖帝，毓德春宫，進善納規，忠誠懇款，異時聖學高明，道純德備。爲宗社無疆之休，實惟師臣是賴。及柄政當國，上方鋭意興復，王則力持講信修睦之説，不肯輕啓兵端。卒使兩戒生靈，均受安靖和平之福。祭法所謂以勞定國，法施于民者，王實兼之。肆今大丞相國公令德柔嘉，召公是似，嗣登袞席，躋世隆平。則歸美先王，崇建五廟，非惟上合古制，下契人心，在我國家，禮亦宜之。昔周周公以大勳勞，國于東魯，爰作閟宫，以奉宗祀，而史克頌之。今大丞相開國承家，實維魯公。敢即《閟宫》之詩，循其章句，次其音韻，爲頌一篇，且取新廟奕奕之語。揭爲篇首，爲章凡八，其一言史氏在周之盛，其二言史氏在漢之盛，其三言越王勳德之隆，其四言家廟建立之由，其五言丞相懷柔之功，其六言周公封魯之盛，其七言丞相比隆周公，其八則祝丞相紹休前王也。

新廟奕奕，莫舉其枚。宫室百堵，左右周回。萬靈所依，百祐所歸。奉安敢遲，懿厥史氏。自昔受多福，佚禄周之粟。克食魯之麥，嚣饙齊之穀。蘇廩晉之穡，鮨飧衛之黍。狎皮佳反。享楚之秬，顆受秦之庾，遂綿漢之緒。曰史戾后，篤生君王。爲史皇孫，嗣服夏商。大封元舅，肁開令緒。曰高首侯，樂陵之野。至頃侯丹，帝益眷女。伏蒲之語，定儲之功。四卿十侯。綿綿孫子。起家東魯。流光至今，爲我宋碩輔。

皇祖越公，始家甬東。代生賢哲，世篤勳庸。忠定越王，神明胄子。直道忠言，洋乎盈耳。相我孝宗，其儀不忒。謀謨事業，皐夔契稷。

清廟牲犧，配享實宜。誕生我公，似續妣祖。式穀以女，見所未嘗。秉心純良，藴德柔剛。羽儀將將，鹽梅商羹。砥柱周房，穆穆洋洋。邦家之光，休運其昌。廟謨其臧，懷柔四方。立武有常，北狄坐膺。凱奏沸騰，珍貢百朋。莫我敢陵，寶鎮故物。御府緘縢，疇庸上相。報功高曾，廟祀崇建。宫宇聿增，盛典是膺。昵祀是懲，孝享是承。

炰炙孔熾，豆籩孔富。百禮既備，雅樂並試。子孫盛大，方興未艾。神人祖考，安享無害。

師尹巖巖，四方具瞻。夏軺唐蒙，海岱山東。梯航萬里，舄芾會同。佐公奉祀，來奏膚功。

由古紬繹，魯邦光宅。有如周公，南夷北貊。景慕休德，豐報是從。崇祀是諾，邦人是若。

今我公受嘏，亦封於魯。師周公勤勞，宅周公土宇，神人咸喜。大邦小邦，百辟卿士，拜手頌公。備達尊三，曰德爵齒。

其齒維何，歲寒松柏。其爵維何，王封咫尺。其德維何，光明孔碩。啓佑後昆，卿相代作。與國同休，越王是若。

孟子曰：「向爲身死而不受，今爲所識窮乏者得我而爲之，此之謂失其本心。」文豹謂惻隱之心，人皆有之。賙人貧乏，救人急難，乃惻隱之本心。等而上之，博施濟衆，兼善天下，皆自此心充之。故夫子有周急之説，有與爾鄰里鄉黨之説。若仕而不受禄，財而不分人，見人之窮乏，恝然不以動其心，而以是爲介。是楊氏爲我之學，拔一毛利天下而不爲者也。此却是失其本心。

嘉定元年十一月初五日，知鳳州李珙詣闕。進楊巨源實録，其略云：巨源，字子淵，益昌人。累舉不第，左史劉光祖薦監合江倉。開禧二年十二月，吴曦割階、成、和、鳳四州與金虜，僭號蜀王。巨源陰有討逆之志，招集忠義，私以倉粟庫錢給之。明年正月，謁僞丞相長史安丙。丙握巨源手曰：「聞公欲起義，丙父子死且不久，能相救乎。」因指天爲誓。仍送四百緡，巨源悉散之豪黨，用黄絹束髮爲號。時李好義爲僞御帶刀，乃因其妻兄楊君玉，拉至官妓吴越越家。致千緡爲壽，結爲内助。即同就巖寺中，矯撰密詔曰：「惟干戈省厥躬，朕既昧聖賢之戒；雖犬馬識其主，爾甘爲夷虜之臣。邦有常刑，罪在不赦。太尉昭信軍節度使四川宣撫副使吴曦，早憑世禄，久綴朝班。以其爲三朝忠孝之家，必無反側，故授以四川宣撫之柄，俾作藩維。乃陰結於裔夷，思竊窺於神器。將士有功而弗賞，縉紳獻議而不從。委棄四州，焚燔積聚。迫脅多士，列置官寮。僭位號以自居，裂衣冠而不恥。既挾狄勢以背君父，又竊疆土以長寇仇。不圖家賊之難防，乃至蕭牆之遺禍。賴祖宗之德澤未泯，與軍民之心志未離。皆左袒而爲劉，思舉笏而擊泚。況淮浦諸軍，既奏平淮之捷，此漢中列將，寧無思漢之吟。隨軍轉運使安丙，可權四川宣撫使。招集忠義，誅戮叛亡。有能仗義以奮興，即與旌加而顯擢。王侯節鉞，次第褒封。府庫資藏，悉皆賜予。於戲！趙奢之有趙括，猶恥敗名；霍光之後霍雲，豈期滅族。朕慨歎勳庸之裔，尚存覆護之仁。吴曦一門，凡附逆黨者，盡行誅戮。其餘脅從，置而勿問。故兹詔示，想宜知悉。」書畢，印以倉印。至二十九日黎明，義士畢集，相率入僞宫。李好義傳令開門，李貴手刃直入斬曦首。衛士始欲格戰，聞曦已誅，上下錯愕。巨源服紫衣，左捧詔，右仗劍，稱奉使，唱名趙官家有詔。自辰至巳，斬僞黨姚懷源而下五十餘人，使傅椿往倅廳報安丙，請出拜詔，丙逃匿不知所在。已而得之竹園，椿掖之以出。巨源白丙，以象牙牌授王喜節度使，令按堵諸軍，推丙權宣撫使。巨源欲乘勢收復四州，丙以糧食艱澀，巨源請兼隨軍轉運使。丙不能遏，令李好義責軍令狀，出兵至大散關，斬僞黨興元都統孫忠鋭父子，復取四州。時虜騎未退，乃作間書蠟丸投虜帥，曰：「二月五日，巨源致書於金國元帥上人，薰風南奏，清入舜絃。伏惟營門休暢，士氣洽和。比承惠書，披閲再三。義壓坤維，情重珍璧。且知公鑑瞭然，以爲中華正統，實在趙室。欲率賓從以來歸，舉關河而臣附。精誠貫日，忠節薄雲。雖日磾佐漢，未足多也。擊節壯懷，不能已已。遂領兵邊陲，延佇迎接。已戒内郡辦嚴，從官供具。飲食帷帳，一如漢待淮南王故事。尚堅金石之信，弗持猶豫之心。鼎食衮衣，朝廷所不靳。早戒前驅，慰此翹跂。不宣。四川宣撫使楊巨源啓。」會賞功命下，除巨源朝奉郎權宣撫司參議。巨源曰：「蒙恩如此足矣。但詔命無一字及巨源，何也。」將遣傅椿詣闕，使問津於前金州都統彭輅。輅方謀進身，即遣報安丙。丙乃召輅合謀，令巨源收兵回。甫至宣司，輅即目左右，拽至庭下。丙隔屏語曰：「張樞密指揮，汝不合稱宣撫使，長枷送閬州勘。」巨源回顧曰：「一妹未嫁，幸公憐之。」行至大安軍城下龍鼻頭，宣司將樊世顯呼喝下船。巨源知其意，即曰：「此好一片葬地。」世顯纔疎枷，二卒已斷其首。以自縊申宣司。移文大安軍檢其屍，暴於路。年四十。妻賈氏，并三子一妹，並羈管大安軍尼寺。家計盡爲丙之弟席卷。友人張伯威武舉登科，高尚不仕。作文弔之，有曰：「大忠未白，而貝錦之譖成；大勳未報，而屬鏤之禍起。有功見猜，殆甚黠虜之用間；無罪就死，是與逆臣而報寃。聚妻孥於縲紲，摸屍首於道邊。邈帝閽之萬里，賫此恨於九泉。」文豹謂亂臣賊子，何代無之。未有以一介之士，不費朝廷一矢一鏃，而奮身倡義，不崇朝而剪滅叛逆如巨源者。嘉泰間，李秀嵓心傳。作《朝野僉載》述誅曦始末，而次第其功，以安觀文爲之主，巨源次之。且謂丙居不疑之地，操可致之資，誅曦之勢順。秀嵓，蜀士也，固欲爲魯諱。然當時記其事者，凡二十一家，公論豈容掩。李珙身爲郡太守，不辭萬里之勞，遠赴闕廷，又安敢矯誣以罔上聽也。昔鄧艾平蜀，父子以寃死。越十年，段灼、樊建相繼爲伸雪。晉武帝遂以艾孫爲郎中。今巨源死四十年矣，獨無樊、段者出乎。

《論語》、六經中字，有如字讀而義理明白者。釋文皆訓以他音，因裒類於後。盡字。《論語》「事君盡禮」，「《韶》盡美矣」，「又盡善也」。《尚書》「罔以盡人心性」，「盡乃心」，「重我民無盡劉」。《禮記》「虛坐盡後，食坐盡前」。《左傳》「盡用以求納之」，「欲盡殺賈氏」，「盡其家」，「盡室以行」，「盡室適莒」，「王卒盡行」，「吴盡取之」，「小人盡力」，「盡瘁事國」、「楚師之盡行」、「盡敵而反」、「敵可盡乎」，皆作津忍反，《韻略》作在忍反。告字。《考槃》詩「考槃在陸，碩人之軸。獨寐寤宿，永矢弗告」。四句一韻，合作谷字。若《論語》「告朔之餼羊」、「忠告而善道之」、「易瀆則不告」。《詩》「告于神明」，《禮記》「出必告」。《左傳》「赴告以策書」，乃亦音谷。然《葛覃》詩「言告師氏」，《小旻》詩「不我告猶」，《十月》詩「不敢告勞」，《四月》詩「維以告哀」，《楚茨》詩「工祝致告」，《江漢》詩「告成于王」、「告于文人」，《泮水》詩「不告于訩」，《抑》詩「告之話言」，《論語》「仁者雖告之」、「告諸往」、「敢昭告」、「必以告」、「以告者過」、「告於哀公」、「告夫三子」、「子告之曰」、「以告子貢」、「子服景伯以告」、「巫馬期以告」及《尚書》、《禮記》諸告字，又皆如字讀。三字。《論語》「三省吾身」、「三復白圭」、「三思而行」、「三嗅而作」、「柳下惠三黜」。《易》「再三瀆」、「終朝三褫之」、「晝日三接」、「晝人三失」。《禮記》「不應三」、「三者三」。《左傳》「齊人三鼓」、「晉人三辭」、「出入三躍」、「一夕三遷」，皆音息暫反。王字。《書》「伏羲氏之王天下」。《禮記》「至孝近乎王」、「霸王之器也」。《左傳》「周之所以王」、「安在黜周而王魯」、「仲尼素王」，皆于況反。守字。《左傳》「君行則守」、「奔問官守」、「不得其守」、「奉禮以守」、「奉叔夷以守」、「晉侯問原守」、「箕鄭君守」、「至則告守」、「使守」、「爲孟孫守」、「使與于守」、「守者御之」、「未有守備」、「繕守備」、「非守器」、「悉守則危」、「使涉沱守」、「守在四夷」、「與守龜在」、「一子守」、「修守備」、「王子地守開守陴」，皆祖《尚書》巡狩字，音狩，故《漢書》以太守爲太狩。若守志、守身、守道、守義、守官、守位、守成又皆如字，豈以職守與操守不同耶。弔字。《書》「弔由靈」、「不弔旻天」、「惟弔兹」。《詩》「不弔昊天」、「不弔不祥」，皆音的，謂至也。《左傳》「不弔昊天」、「于是乎不弔」、「以吴爲不弔」、「若何不弔」，則皆如字讀。謂愍恤也，惟「帥羣不弔之人」作的字。輕字。《左傳》「輕而不整」、「小而輕」、「輕曰襲」、「輕則失親」、「輕而無禮」、「輕則寡謀」、「若使輕者」、「輕車千乘」、「夷德輕」、「吴輕而遠」，皆牽正反。分字。《尚書》「作分器」，《禮記》「男有分」，《左傳》「各有分親」、「其反無分」、「昭之以分物」、「不獲是分」、「其取分焉」，皆合作去聲。若《曲禮》「分無求多」，《左傳》「分貧振窮」、「分魯公以大旂」、「分唐叔以大路」、「分而後敢食」、「救患分災」，當作平聲，而注皆作去聲。適字。《論語》「無適也」，《詩》「天位殷適」，《左傳》「吾誰適從」，又「爲誰適從」。適，之也，合如字，而注皆音的。行字。《月令》「出行田原」、「入山行木」、「循行郡國」、「循行犧牲」、「循行積聚」。《左傳》「行東野」，皆下孟反。聞字。《詩》「聲聞于天」、「聲聞于野」、「聲聞于外」。《禮記》「言聞則入」、「言不聞則不入」、「言必聞其聲」。《左傳》「擊聞于外」，皆音問。陶字。《檀弓》「人喜則斯陶」，注「鬱陶也」。《書》「鬱陶乎予心」，皆音桃。「楊子使人陶陶」，温公注亦作桃。《詩》「君子陶陶」，《禮記》「陶陶遂遂」，注乃音遥。植字。《論語》「植其杖而芸」，《禮記》「行并植于晉國」，植，立也，言專己自立，合如字，注皆音值。食字。《左傳》「粢食不鑿」，《禮記》「食居人之左」，注：「飯也，音嗣。」《論語》「有酒食」，此食乃食物，注亦音嗣。見字。《書》「怨豈在明，不見是圖」，《禮記》「泣血三年，未嘗見齒」，皆賢遍反。仕字。《詩》「豐水有芑，武王豈不仕」，按《采芑》詩「薄言采芑」，注「言能新美天下之士，則豐芑亦喻人材也。言武王豈不欲官之」。注乃以仕爲事。孫字。《詩》「詒厥孫謀」，傳及《表記》注皆云「遺子孫以善謀」，而本詩乃音遜。單字。《傳》「單斃其死」，《天保》詩「俾爾單厚」，注皆曰「盡也」。《公劉》詩「其軍三單」，注「無羨卒也」。亦盡之謂，皆音丹。《昊天有成命》詩「單厥心」，亦當作丹，謂盡其心也，注乃音徒但反。將字。《詩》「將仲子兮」，「將叔無狃」，言將欲如此爾，注乃音七羊反，謂請也。應字。《麟趾》詩注「公子信厚，與禮相應」。言與禮相感通爾，注乃音鷹。泥字。「井泥不食」，晦菴云「井不可食，以泥汙也」。注乃云去聲。格字。《禮記》「扞格而難勝」，扞猶扞拒，格猶格殺，故不相入，注乃音户隔反。御字。「以御于家邦」，《詩》與《左傳》皆音迓。思字。《繫辭》「思過半矣」。言省半思索也，注乃音伺。剥字。「八月剥棗」。剥，落也，如剥床之謂，注乃音撲。中字。「中興」，起也，《詩》、《左傳》皆作去聲。防字。《左傳》「聖人抱周身之防」，音扶放反。貫字。《左傳》「貫三人耳」，音官。棺字。《左傳》「棺而出之」，音古患反。瞑字。《左傳》曰「成乃瞑」，音亡丁反。鮮字。《書》「惠鮮鰥寡」，猶言鮮活也，注乃音蘚。京字。《檀弓》云「以從先大夫于九京」。注京音原。文豹按《詩》云「依其在京」。注「大阜也」，則音荆亦可。

來音離。《漢書》無説。《詩》「康鼎來」。作音佐。《廉犯傳》「不禁火，民安作」。判音潘。杜詩「痛飲已判人共棄」。相音瑟。白詩「爲問長安月，誰教不相離」。治音持。俗言治魚治雞，韓文「冗不見治」。閥閲出《漢書》。閥謂戰伐，閲謂閲歷。柳詩「欸靄一聲山水緑」。一本作「欸乃」。陳氏《博聞録》遂以「欸乃」爲兩字，謂靄字誤。母字、部字，在有字韻，世皆從九麌韻讀。東坡《贈舒堯文》詩「先生堂前霜月苦，弟子讀書喧兩廡。推門入室書縱横，蠟紙燈籠晃雲母」。

蕭牆。注：「蕭，肅也。」張文潛云：「宫牆欲嚴肅。」愚謂蕭，蒿也。今俗以小牆爲蕭牆，多蓋以草，所謂塗塈茨也。《詩》「對越在天」。注：「越，於也。」愚謂越，踰也。或對或越，無往不在天，猶言「文王陟降，在帝左右」也。

東坡守錢塘日，每作文有所援引。雖熳熟事，亦令檢視。楊文公作文用事，必檢出處，録以片紙，黏綴成幅，人謂之衲被。蓋明公多爲博聞强記所誤。如宗學補試，出《公子與禮相應賦》，以應字作去聲。宗學堂試出《道之大原出於天論》，以于作於。補試《風雅藹孤騫詩》，以騫作騫。平江補試出《聖人能内外無患賦》，韻脚添唯字，以唯作惟。皆致喧哄，蓋《尚書》惟字皆從心。《毛詩》惟字皆從系。《左傳》惟字皆從口。陳尚書兼翰林院學士，草延昌公主誥詞，用本枝字。上問《毛詩》本支字無木。退翁引《西漢諸侯王表》，上曰：「何不且從本經。」退翁尋論去。《左傳》「本枝百世」却亦從木，要當以本出處爲正。

觀賈山《至言》及杜牧《阿房宫賦》，謂秦以侈靡亡。及觀漢宫室制度，則又甚焉。方蕭何起未央宫，高帝已怒其壯麗。而武帝增廣又倍之，載在方册。猶使人洞心駭目，況親見之乎。

未央宫，周二十里。前殿五十丈，高三十五丈。木蘭爲棼橑，棟椽。文杏爲梁柱。金鋪璧璫，丹墀青鎖。玉碣、礎也。玉堂、玉簾、玉階、晝夜光明。宫雖南面，而上書奏事謁見，皆在北闕，蓋以北爲正。門東亦有門闕，西南則無，此蕭何厭勝之術也。

東闕。北闕。罘罳。東司馬門。北司馬門。掖門。端門。公車門。閶闔門。金馬門。青瑣門。黄門。朱雀門。白虎門。作堂門。長秋門。白虎闕。屬車闕。武庫。前殿。温調殿。玉臺殿。昆德殿。朱雀殿。龍興殿。含章殿。清涼殿。宣殿。神仙殿。長年殿。金華殿。大玉堂殿。小玉堂殿。白虎殿。麟殿。壽成殿。宣明殿。萬歲殿。廣明殿。永延殿。壽安殿。平秋殿。東明殿。通光殿。延年殿。四車殿。昌明殿。玉堂殿。增盤殿。神明殿。宣室殿。天禄閣。石渠閣。麒麟閣。承明殿。金馬署。蘭臺。延閣。廣内。祕□。高門殿。宣德殿。飛羽殿。武臺殿。鳳凰殿。宴昵殿。敬法殿。曲臺殿。蒼池。漸臺。八風臺。作室。非常殿。凌室。畫室。西閣。鈎盾署。虎威署。章溝署。鈎陳署。保宫。衞尉寺。公車令舍。董賢觀。蒼龍觀。少府。禁觀。當市觀。

百子花菓臺。東山臺。西山臺。

未央後宮。王吉云：「高、文、景節儉，宫女不過十餘。中世以後，至五六千人。」余考之高、文、惠以前，人主未嘗至掖庭，常居未嘗近宫女。外廷公卿猶與内政，樊噲排闥，周昌燕入，雖枕宦者，擁戚姬，不以爲嫌。自景帝引周仁於後宫祕戲，武帝游宴後庭。乃近北宫側造桂宫、鴻寧館、光明殿、走狗臺、七寶床、雜寶床、列寶帳、廁室、屏風。見《成帝紀》。太初四年，又近桂宫造明光，發燕趙美女二千人充之。《本紀》。自是事權一歸中書，閹官專政，而丞相具位矣。

掖庭：長秋宫。椒房宫。合歡殿。增成殿。安處殿。常寧殿。菃若殿。椒風殿。披風殿。蘭林殿。發越殿。蕙草殿。鳳凰殿。鴛鴦殿。飛翔殿。昭陽殿。鈎弋室。永巷。曝室。飾室。北宫。《孔光傳》：「在未央宫北，有複道，通未央宫。」内有壽宫紫房、東交門、前殿、東司馬門。

長信宫。《黄圖》云：「太后所居也。」《百官表》：「景帝更名長信少府。」又有永信宫、永安宫，《哀帝紀》：「帝太后稱永信宫，皇太后稱永安宫。」

長樂宫。《黄圖》云：「本秦興樂宫，漢建未央宫，因修之，易今名，周回二十里。」《魏相傳》：「臣章受詔長樂宫。」《本紀》：「帝崩長樂宫。」則是高祖所常居也。自惠帝定居未央宫，吕后遂以長樂爲母后居。《叔孫通傳》云：「惠帝東朝。」長樂宫在東。故云帝。

《王后傳》云：「至長樂宫謁太后。」未央宫在西，長樂宫在東，故號東宫。《爰盎傳》：「上朝東宫。」《張湯傳》：「往來東宫。」武帝曰：「東朝廷辨之。」昭帝始元二年，初置長樂衛。《灌夫傳》：「建元二年，夫與長樂衛尉竇甫飲。」《戾太子傳》：「發長樂宫衛。」則長樂衛尉，武帝初年已置矣。

東闕。西闕。車門。前殿。

臨華殿。神仙殿。大夏殿。椒房殿。長信殿。長秋殿。永昌殿。永壽殿。鐘室。温室殿。永寧殿。鴻臺。酒池。魚池。酒池臺。魚池臺。著室臺。鬭雞臺。走狗臺。韓信射臺。

甘泉宫。《史記》云：「始皇二十七年，作甘泉前殿。築甬道，自咸陽屬之。」《文帝紀》：「三年幸甘泉。」師古曰：「甘泉山在雲陽北，胡亥於其上造林光宫。」《揚雄傳》：「甘泉本秦離宫，武帝增通天臺及諸宫館。」《西京賦》云：「覜往昔之遺館，獲林光于秦餘。」此甘泉所因之地也。

《黄圖》云：「甘泉，黄帝圜丘處，武帝于雲陽立泰畤。」《郊祀志》：「元朔四年，幸甘泉，具太乙祠壇。」《武帝紀》：「元鼎五年，立泰畤于甘泉。」《黄圖》云：「武帝造赤闕于南，以象方色。」《禮樂志》：「祀太乙于甘泉，就陽位也，甘泉所建之由也。」《黄圖》云：「雲陽行漢谷中，阨陿且百里。」《括地志》云：「始皇作甘泉宫，去長安三百里。」《關輔記》：「武帝建元中，增廣，周十九里。」此甘泉宫之道里也。《郊祀志》：「武帝迎寶鼎，藏于帝廷。」匡衡言：「泰畤紫壇，八觚宣通象八方。五帝壇周環其下，有文章采鏤黼黻之飾。女樂石壇仙人祠，瘞鸞輅梓車龍馬等。」此甘泉之祠制也。《輿服志》：「乘輿大駕，公卿奉引。太僕卿、大將軍驂乘，屬車八十一乘，備千乘萬騎以行。祠太乙甘泉備之，官有其注，名曰《甘泉鹵簿》。」此甘泉之法駕也。《西都賦》：「其陰則冠以九嵕，陪以甘泉。乃有靈臺起于其中，秦、漢之所極觀，淵、雲之所頌歎。」王褒、揚雄。此甘泉之形勝也。武帝太初元年，幸太山還，受計甘泉。天漢四年朝諸侯于甘泉。《劉德傳》：「召見甘泉。」《黄圖》云：「四面皆有公車司馬門。」此甘泉之朝享聽政也。《百官表》：「少府屬官，有甘泉居室令丞。太初元年，更居室名昆臺。有五丞。初元三年，罷甘泉、建章宫宿衞。」此甘泉之官屬也。揚雄《甘泉賦》注：「武帝植玉樹，作璧馬犀牛以爲飾。圖雲水波文以爲詭異文飾，珍臺閒館，以璇題玉英。」此甘泉之藻飾也。《黄圖》云：「甘泉谷北岸有槐木根榦盤峙，三二百年木。元封二年，房中芝生九莖，作《芝房之歌》。」《禮樂志》：「正月上辛，用事圜丘，夜有神光流星。」此甘泉之瑞應也。《禮樂志》：「祠太乙于甘泉，乃立樂府，采詩夜誦。」揚雄賦注：「飾金人以龍文，使負鐘簴。」《劉盆子傳》：「有故祠甘泉，樂人擊鐘歌舞。」此甘泉之音樂也。

林光宫。甘泉宫。長定宫。雲陽宫。高光宫。迎風宫。陽靈宫。赤闕。前殿。紫殿。益壽館。迎風館。延壽館。通天臺。鈎弋臺。通靈臺。竹宫。仙人館。紫臺。石壇。石闕觀。封巒觀。枝鵲觀。洪厓觀。旁星觀。鳷胥觀。弩陸觀。棠梨宫。師得宫。望風臺。望仙臺。甘泉苑。昆臺。梨園。蛟龍。白虎。金人。玉樹。鐘簴。

建章宫。武帝太初九年，柏梁臺災，乃起建章以厭勝之。《三輔舊事》云：「周回三十里，前殿高于未央宫。東鳳闕，西商中，北大池漸臺。各高二十丈，在未央宫西。」《黄圖》云：「作飛閣通未央，構輦道以下。」嘗觀漢宫室，壯麗者無如甘泉、建章。然甘泉之增，殫財竭力，乃起于公孫卿樓居之説。建章之營，千門萬户，乃出于粤巫勇之厭勝之言耳。

鳳闕。别風闕。嶕嶢闕。鳳凰闕。圓闕。北闕。閶闔門。中龍華門。前殿。商中殿。漸臺。太液池。蓬萊。方丈。瀛洲。壺梁。石魚。石鼈。玉堂。璧門。神明臺。井幹樓。輦道。飛闌。承露盤。銅柱。仙人掌。婆娑殿。駘蕩殿。枍詣殿。承光殿。天梁殿。奇寶殿。鼓簧宫。神明宫。蔬圃殿。鳴鸞殿。奇華殿。華殿。銅柱殿。函德殿。避風臺。涼風臺。珍臺。通道燈道馺。蘇號翳□木字。

離宫，本秦所造。賈山云：「起咸陽，至雍，三百里，高數十丈。」漢初未有游幸之事，不修治。至文帝，游幸始多。幸代者二，幸雍者三，幸甘泉、太原、隴西各一。蓋帝幼藩於代，鄰匈奴，習見射獵戰守之事，故有英武之風。又起身艱微，賦性恭儉，雖頻年巡幸，不過延省勞問，謹飭邊備而已，初無兵衛徵求供帳之擾。至武帝元鼎四年，始議封禪。修秦離宮，郡縣皆治道路，修故宮，設供具，以望幸。所在騷動，民不堪命。過河東，則河東守以不意行不辦自殺。過隴西，則隴西守以從官不得食自殺。北地，則以千里無亭徼，誅太守以下。獨右扶風守王訢，以宮殿馳道供張治辦蒙賞。至元鼎五年，出巡郡國。南則浮江，舳艫千里，北則勒兵十八萬騎。史臣略記元封元年之費，帛凡萬餘，金錢以鉅萬計。

鉤弋宮。池陽宮。長平觀。蘭池宮。霸昌館。霸成觀。回中宮。懷宮。中都宮。三良宮。思子宮。歸來宮。望思臺。龍臺觀。仙人觀。安臺觀。瀹沮觀。章臺。靈臺。

上林。始皇以咸陽人多，先王之宮庭小，乃營朝宮於渭南上林苑。先作前殿阿房，東西三百步，南北五十丈，上可坐萬人，下可建五丈旗。漢初，蕭何爲民請苑是也。《東方朔傳》：「建元三年，微行始出。以道遠，令吾丘壽王舉阿城以南，盩厔以東，宜春以西，提封頃畝，及其價直，起上林苑，周數百里。」《揚雄傳》：「武帝廣開上林，南至宜春鼎湖，御宿昆吾。旁南山而西，至長楊、五柞。北繞黄山，瀕渭而南。」相如《子虛賦》：「終始灞滻，出入涇渭，蕩蕩乎八川分流。」《西都賦》：「繚以周牆四百餘里，離宮別館三十六所。」其後又置水衡都尉，掌上林征入，令三官鑄錢於其中。增步兵校尉，掌苑門屯兵，有令、有尉，有詔獄，治宮館等事。又有禽獸簿。《張釋之傳》虎圈嗇夫代尉對是也。又詔王歷使者鮮于妄人，與丞相御史大將軍史各一人，雜候清臺，課曆疏密。昭帝元鳳三年，上林有枯柳自生，罷中牟苑，賜貧民。《揚雄傳》：「成帝時，將大誇胡人。發南山，襃斜諸郡虎豹諸獸，輸長楊射熊館，雄因上《長楊賦》以諷焉。」明帝永平十五年冬，車騎校獵上林。

宣曲宮。黄山宮。黄山苑。宜春苑。宜春宮。御羞苑。長楊宮。長楊榭。射熊館。五柞宮。倍陽宮。屬玉觀。鼎湖宮。包陽宮。承光宮。犬臺宮。儲元宮。昭臺宮。神光宮。蒲萄宮。蠶室宮。爾宮。清臺。昆明池。樂府。牽牛織女。龍飛。石鯨。豫章觀。神池。靈波殿。桂館。宜春觀。平樂觀。白楊觀。走狗觀。上蘭觀。龍臺觀。細柳觀。飛廉館。東觀。遠望觀。燕昇觀。象觀。柘觀。便門觀。白鹿觀。三象觀。陰陽觀。走馬觀。郎池觀。青梧觀。當路觀。陽禄觀。涿沐觀。磃氏觀。清暑館。雲林觀。望鵠觀。魚臺。犬臺。桂臺。延壽門。閶闔門。商臺。虎圈。郎署。鎬池。牛首池。牟首池。郎池。安池。初池。麋池。蒯池。琳池。盤池。鶴池。彪池。積子池。東陂池。西陂池。當路池。犬臺池。影娥池。蒙蘢渠。扶荔宮。

太子宮。《黄圖》云：「文帝爲太子立思賢苑。」《戾太子傳》：「及冠就宮。」《江充傳》：「至太子宮掘蠱。」《疏廣傳》：「帝幸太子宮。」《王襃傳》：「詔之太子宮娱侍。」《王皇后傳》：「幸太子宮甚歡。」則太子固有宮，而史不載其所在。《漢官儀》曰：「太子僕一人，秩千石。中允一人，四百石，主門衛徼巡。又有太傅、少傅、詹事，而門大夫、庶子、洗馬、舍人，則二傅之屬也。率更、家令、僕、中允、衛率、廚廄長、丞，則詹事之屬也。」

《班彪傳》：「太子食湯沐，設周衛交戟。五日一朝，因坐東廂，省視膳食。其非朝日，使僕、中允，旦旦請問而已。」

宦者署，本名永巷。武帝太初元年，更名掖庭。《百官表》云：「少府之職，凡永巷内者宦者七官，令、丞、僕射、諸署長、中黄門皆屬焉。」注謂閹人居禁中，給事黄門。又蘇武待詔宦者署，以署親近也。《後漢・百官志》注：「待中與中官，皆止禁中。」又「黄門令主省中諸宦者」。注：「禁門曰黄門，在未央宫内。有後宫，皇后所居，掖庭在焉。」

内外朝。《劉輔傳》：「中朝佐將軍辛慶忌。」注：「大司馬、左右前後將軍、侍中、散騎諸吏爲中朝，丞相以下至六百石爲外朝。」蓋漢初大臣未甚隔絶，如周昌、樊噲，皆得入内廷。自武帝置加官，欲陰殺丞相、御史之權。内任中書宦者，始有侍郎、中常侍、給事中之號。凡列侯、將軍、郎中，皆帶加官，方得入内。如衛青以加官得出入禁闥，或踞廁見之。至李、莊、趙、石、公孫弘之徒，皆不得入。故霍光爲大將軍，田千秋爲丞相。光自言：「令光治内，君治外。」然當時輔導太子，將軍與丞相猶得並受遺詔。至楊敞爲相，大將軍廢立，内朝議定，乃使人告敞。則内外之限嚴矣。給事中，加官之最卑者。大夫、博士、議郎則帶之。宣帝欲任魏相陰傾霍氏，始以御史大夫帶之。及陳咸拜光禄大夫，給事中翟方進奏咸不當備内輔臣。至是，則給事中已與内朝之數矣。

昔賢以識鑒託子于人，卒不負其所託者，有五人焉。楚相孫叔敖知優孟賢，語其子曰：「我死，汝必貧困，往見優孟。」居數年，其子負薪逢孟，曰：「我孫叔敖子也。」歲餘，莊王欲以孟爲相，孟請歸與婦謀。三日後，見王曰：「婦言楚相不足爲。孫叔敖爲楚相，盡忠爲廉，今其子負薪以食。必如孫叔敖，不如自殺。」王召其子，封之寢丘。薛宣爲不其丞。琅邪太守趙貢悦其能，令妻子相見，曰：「薛君至丞相，我兩子亦堪丞相史。」成帝時，宣爲相，除貢兩子爲丞相史。嵇康坐誅，謂其子紹曰：「山巨源在，汝不孤矣。」及濤領選，謂紹賢侔冀缺，啓武帝，召爲祕書丞。裴行儉爲吏部侍郎，見前進士王勮、臣字。咸陽尉蘇味道，曰：「君後皆掌銓衡，願以弱息爲託。」後二人皆典選，味道子光廷亦爲相。鄭畋父亞，任桂管觀察使。生畋，因名桂兒。時監軍西門思恭被召，亞以桂兒爲託。乃爲神策中尉，亞已卒，乃召畋，延師教，登進士第。僖宗時，同平章事鳳翔節度使。荆公以仁宗惡其食釣餌爲不情，故《實録》詆仁宗尤甚。每謂漢文帝不足取，蓋指仁宗也。潁濱以荆公詆老蘇爲縱横之學，以神宗信用荆公，故併薄神宗。作《御集序》既比之曹操，至輓詞則云「量書廢寢興」，又比之始皇矣。

蘇公頌曰：「楊告諫議愛韓非一言，云土木偶人，耳鼻欲大，口目欲小。蓋耳鼻先大則可小，口目先小則可大。若耳鼻先小，口目先大，人或非之，則不可爲矣。人謂非刻薄，此豈非忠厚之言。」文豹謂此乃非之智巧也。楊諫議以爲忠厚者，欲凡事存後着，不爲一切之政耳。

温公爲相，每詢士大夫私計足否。而語人曰：「若私計不足，安肯爲朝廷輕去就。」文豹謂此固善于體察人情，亦以養士大夫之心術。然使人識廉恥，雖私計不足，亦不肯苟且。若其寡廉鮮恥，則禄愈厚而愈貪，官愈高而患失之心愈重。故欲正士大夫之心術，當先革士大夫之風俗。祖宗於贓吏皆斬於朝堂，輕亦刺配，非少恩也。

齊王蠋言：「晚食以當肉，安步以當車，無罪以當貴。」東坡云：「未饑而食，雖八珍猶草木。使草木如八珍，惟晚食爲然。」文豹謂三者固處約之道，然必老成之人始能造此。嗜欲少則能晚食，筋力衰則能安步，血氣定則能無罪。

酒食過度，則昏神思。生疾疢，殘性命。《易·頤卦》曰：「舍我靈龜，觀爾朵頤，凶。」靈龜，心也。頤頷肥擁，如朵下垂也，從事口腹而失其良心，故凶也。嵇康《養生論》云：「滋味煎其腑臟，醪醴煮其腸胃。香芳腐其骨髓，喜怒悖其正氣。身非木石，其能久乎。」《老子》注云：「魂在肝，魄在肺。魂静魄安，則得壽延年。美酒甘肴，腐人肝肺。」文豹謂不但酒食也，凡人歷艱辛，甘淡薄，耐勞苦，則福壽緜遠。今富貴子弟多不壽者，正緣豢養於膏粱，縱情於歡樂。享用既過，故魂喪而身殞，禄盡而命終。《無逸》云：「中宗享國七十五年，高宗五十九年，祖甲五十三年，文王五十年。」皆以嚴恭寅畏，不敢康寧。其有不知稼穡之艱難，惟耽樂之從，亦罔克壽。

史談作《伯夷傳》，歎其善人而餓死。擬諸顔、跖之壽夭，疑天理報施之非。愚謂武王以臣伐君，二子爲萬世扶持名義，故不食周粟，而甘心餓死，與回之夭不同。故夫子曰：「求仁而得仁，又何怨。」夷名元，字公信，齊名致，字公達，夷、齊，謚也。

真實之人，心與神契。夢必應，有大禍福。則心神發悟，夢亦應。横渠曰：「高宗夢得説，只是心平正故神。」文豹伯父儼，嘗夢見先奉議坐廳事，瞋目責曰：「汝將因酒死。」命左右檢一簿示曰壽五十。戒曰：「汝回世間，能受持《太上感應篇》、《太上修真十戒》，可延半紀。」既覺，如所戒。至紹興壬子，恰五年而卒。嘉泰間，蜀士李昌齡注《感應篇》，譙大卿令憲。序之曰：「在人有善惡之行，在天有善惡之氣。善則爲休祥符瑞，惡則爲水旱彗孛。天人之際，一氣感通。故爲善則善應，爲惡則惡應。隨其所召，吉凶生焉。非造物者屑屑然日求其功過而禍福之也。」今丞相鄭安晚諸賢，又逐章爲之跋。

◎俞文豹撰

吹劍四録

許沛藻　劉宇　整理

序

始余作此編，蓋即前言往事，辨證發明，以寓勸戒之意。而好高者以人微而嘲玄，好奇者以文多而閣束，雖余亦自病其繁蕪。宋景文曰：「每見舊作文，憎之欲焚棄。」歐公曰：「著述須老後，積勤宜少時【一】。」二公之言，不我欺也。因續三爲四，以驗其學之進否。淳祐庚戌仲秋日，括蒼俞文豹。

校勘記

【一】積勤宜少時　「積勤」，四庫本作「精勤」。

紹興戊辰，王佐爲狀元；慶元丙辰諒陰榜，莫子純以省魁爲狀元，皆越人。嘉定丁丑，狀元吴履齋，潛。淳祐辛丑，狀元徐公望。儼夫。至己酉年，履齋帥越，徐在别榻。會鹿鳴宴，僚屬作樂語，皆不愜意。履齋乃自草之，末云：「對丁丑、辛丑之狀元，座中盛事；繼戊辰、丙辰之舉首，鄉曲美談。」

紹興二年，張無垢九成。爲狀元，次舉省元樊光遠、狀元汪應辰。上語九成曰：「二魁皆卿門人，深用嘉歎。」對曰：「夏侯勝以明經取青紫語門人，臣嘗鄙之，何敢復以此聳誘其徒。」文豹謂三代而後，言學者與漢、唐。漢尚傳註，唐尚詞章，雖所尚不同，要皆有利禄之心。醇如仲舒，未免科目之累。賢如昌黎，而喜功名，慕富貴，至以卿相潭潭之説，誇誘其子，則其誨館下諸生者可知已。惟我朝諸公，爲義理之學，髣彿聖門氣象爾。

柳子厚《送韋秀才序》曰【二】：「今進士歲數百人，咸多爲文詞，道今古，角誇麗，務富厚。有司一朝而受者，不知幾千萬言，讀不能十一，即偃仰疲耗，目眩而不欲視，心廢而不欲營。」余見貢院謄録人説，每日抛下卷子若干，限以時刻，遲則刑責隨之，日夜不得休息，飢困交攻，眼目澀赤。見試卷有文省字大、塗注少，則心開目明，自覺筆健，樂爲抄寫。又嘗見時文册子，遇太學公私試，一題即印三二十篇，讀至五十篇，加至十數，便已困倦，爲考官者可知已。故凡程文，以簡潔爲上，大字楷書次之。

後漢崔醄，將試政事文學道術，而忌太史令孫懿，乃往候之，涕泗流漣，曰：「圖書有

【二】柳子厚送韋秀才序曰　「韋」原作「章」，據《柳河東集》卷二三改。

漢賊孫登，將以材智見害，觀君表相似，當應之，故愴得禍耳。」懿懼，乃不試，酺爲第一。

晦菴省試，經題出「剛中而應」，連案者云此句凡七出，先生嘿數止五出，乃據所記對義。及出院檢視，果只五出。乃悟同經者相忌，是年先生登科。東萊與唐悦齋同試宏詞，問唐路鼓在寢門裏、寢門外。曰：「在門裏。」及試出檢視，始知爲其所詒。既而悦齋中選，東萊語之曰：「只緣一個路鼓，被君掇在門裏。」吾鄉解試《孟軻勇於義賦》，一人欲以「過孟賁者遠矣」爲第四聯，而未得其對。忽友人來問，若「荆軻則盗諸」何以對。其人隱而不言，竟以此聯魁取。故晦菴因此每戒人自爲實學。

累舉殿試，以蜀士故遲至五、六月。淳祐十年，以盛暑非臨軒之時，改用三月。初，省試中秋日，廷試九月六日，唱名狀元嚴州方夢魁，賜名逢辰，右足跛，左目瞽。第四名川人楊潮，南省元泉州陳應雷，皆瞽一目。夫糊名考校，固以文取，然周進士必辨官材，漢弟子員必儀狀端正，唐文武選必體貌豐偉。盧仝詩：「孰謂人面上，一目偏可去。」方魁及同榜方登、方吉，皆唐詩人缺唇處士方干之後，與嚴子陵、范文正公爲釣臺三賢。

祥符八年，狀元蔡齊，真宗喜其韶秀，詔金吾給騶從傳呼，自是爲例。

樂天同元稹編制科策林七十五門，即懷挾也。淳祐七年，殿試，上訶士人入遲，左右言，尚書鄭起潛建議搜懷挾。上曰：「非所以待士，詔勿搜。」後半入者幸而免。

吾州趙和仲，順孫。童科免舉。淳祐九年，再以《春秋》魁薦。考官羅教授垚用監試韻批其卷云：「汗牛試卷浩無涯，剗盡雷同別一家。冰鑑不容心潦草，風簷寧復眼昏花。嘉文似織鮫人組，健筆如輪虎士撾。收拾真才報天子，此行端不負皇華。」次年，復以秋魁南省，然其經義承題云：「善察天下之勢者，不貴乎得定之似，而貴乎得定之真。」六經《語》《孟》無真字，凡經義皆不用真字。

蔡尚書幼學。師陳止齋，乾道壬辰，同赴省試。止齋知其必魁取，乃自下賦卷，已而師生經賦俱爲第一。賦場先試出《聖人之於天道論》，次場《天地之性人爲貴》，其文意步驟，全倣止齋，蓋有所授也。宋玉作《招魂》，屈原作《大招》，其機軸段數，一切相似，不知孰先傳焉，孰后效焉。

婺女倪君澤普，淳祐十年，廷對爲第三名。其族弟伯驥之祖，素奉五聖，有林檎園二百畝，於内剏書院。其師初授書，驥輒坐樹下，及上口即背誦，由是日以爲常。其師但自誦二十篇，不二年，驥盡通九經，以童科免解，而家遂陵替。今年二十七，貌寢材劣，竟未省試。然以童科顯者，百不一二三，少聰慧，長昏懵者，十常八九。

《莊子》云：「遊無眹。」眹，直忍反，兆也。朕字直稔反。吾州解試，賦家以朕字作兆眹押韻者，皆見黜。又廣夏考《仁聖人之風賦》，廣字少一畫者皆不考。肵渾字，渾胡本反，漕試《存心養性以事天賦》，以渾字作平聲者皆不取。近有《押韻大全》，辨之甚詳。「聖人久於其道而化成」，人多擬爲省試賦題。淳祐七年，考官供此題，知舉云：「恒字諱，如何寫出處？」自是此題人不復擬。

上蔡謝先生良佐，學於伊川，忽請歸試曰：「蔡人罕習《禮記》，易於取解。」伊川曰：「子貢高識，安肯規規於貨利，但於豐約之閒，未能忘殖情，故謂之貨殖。富貴有命，而留情於此，故孔子以爲不受命。志於道者，必去此而后可。」先生自是不復計較，且教人曰：「知命之説雖淺近，亦可爲進德之基。」故平生未嘗求人，未嘗謁執政。人或勸之，則曰：「有命，渠安能陶鑄我。」命固不必問，然上達之士能安時處順，由行於天理之中，故不屑屑於占算推測。中人以下逐逐利欲，使其不知命分之所止，則猖狂妄行，將無所不至矣。

韓文公三試宏詞三見黜，崔立之書謂不必以此仕進，猶之獻玉，必良工見知，雖兩刖足不爲害，無使勍者再克。公答云：「余之玉固未嘗獻，足固未嘗刖，勍者爲誰，再克之刑若何。」

嚴州錢融堂時，紹定己丑，再以免解到省，門人勸其不必爲此行，而乃潛身就試，復見黜。端平閒，以喬平章薦授迪功郎，甫到選而論罷。

《易》諸卦大象皆言卦名，《乾》《坤》類也。《坤》曰「地勢坤」，《乾》亦當曰「天行乾」，而乃曰「天行健」，何也？説者謂乾不可以象求，然《説卦》謂乾爲天、爲君、爲父、爲金玉，非象而何？李子美云：「《集韻》曰『健字即乾字』，以乾爲健，傳寫誤爾。」此説差近之，而師訓相承，不能闕疑，至以爲賦題，蓋未之思也。

王文正公之父見破舊文籍，必加整緝，片言一字，不敢委弃。一夕，夢孔子曰：「汝敬吾書如此，吾遣曾參爲汝子。」因名曰曾。甫弱冠，省、殿試俱第一。建昌張剛叔介，紹定二年登科，其子淵微丁未年大魁。及爲正字，見其僕每聚故字紙焚之，曰：「恐爲人踐踏。」余母氏臨終誦曰：「萬般諸字文，即與藏經同。安在不淨處，墮作厠中蟲。」蓋自開闢至今，扶持人極，綱理世故，悉惟斯文，其可慢乎。

紹興初復制科，給、舍、侍從三人舉一人，進其文業，考入上次等，則召試六論。於「九經」、《十七史》、《國語》、《論》、《孟》、《管》、《荀》、《揚》、《文中子》正文，或注疏中出。通四題入四等，即試策一道，中第三等比狀元，第四等比榜眼，第五等同進士。是科本求直言，今乃專取記問。李泰伯試六題不得其一。東坡《形勢不如德論》不知出處，《禮知信足以成德論》，知子由記不得，乃厲聲索硯水曰：「小人哉！」子由始悟出「樊遲學稼」注。乾道間，李垕《湯法三聖論》，出《功臣表》，誤作《諸侯王表》。淳熙間，垕弟塾復召試【三】。巨璫恐其策攻己，故難其題，僅得二通，賜束帛遣之。開禧間召試，永康何致，會同試者丁𪟝，致降内批獨試，爲中書易祓、諫議鄧友龍所繳論【四】，再以吴獵侍郎薦，正言鄭景紹奏，勒歸本鄉。自復此科，百餘年僅得一李垕，而論題尚記不全，今妄男子欲欺世盜名，輒假此學以賢良自稱，所謂「吾不試，故藝」爾。

【三】垕弟塾復召試　「塾」原作「整」，據四庫本及《宋史》卷三八八《李燾傳》改。

【四】諫議鄧友龍所繳論　「友」原作「支」，據四庫本及《宋史》卷三八《寧宗紀》改。

李子美謂成王未嘗以天子禮樂賜周公，《明堂位》乃漢儒諛莽之作。平王元年，秦襄公作西畤祠白帝。三年，魯惠公立，亦請郊禘之禮於王。孔子作《春秋》，則書「四卜郊」以譏之，既又明言「魯之郊禘非禮也，周公其衰矣」。至於賜禮樂事何無一談及之。召陵之會，祝鮀語萇弘，歷舉成王賜魯公分物，及六族士日卜宗祝史典策備物官司彝器，使當時有禮樂之賜，叔象何不併及之。文豹考之《明堂位》曰：「成王以周公有勳勞於天下，命魯公世世祀周公以天子之禮樂。」又《祭統》曰：「周公既没，成王追念周公，欲尊魯，故賜以重祭，外祭則郊社，内祭則大嘗禘也。大嘗禘升歌清廟，下而象管。朱干玉戚以舞大武，八佾以舞大夏。此天子之樂也，康周公，故以贈魯也。」如此則是成王命魯以此禮樂祀周公，以此禮樂康周公耳，猶今祀先聖，祀親王，祀勳臣，皆假太常樂器也。伊川謂成王過賜，伯禽受之，非也。文豹謂使周公在而有此賜，則周公當辭。周公没，命伯禽以此祀之，「孝莫大於嚴父」，伯禽其何辭，但其後世子孫用之，非也。人但見其宴賦《湛露》《彤弓》，享有昌歜、白黑形鹽。韓宣子驚見周禮之盡在，季札縱觀六代之聲樂。《閟宮》頌白牡騂剛享帝之盛儀，《論語》記適齊適蔡適楚之樂工。三家以《雍》徹，季氏得舞八佾，旅太山，遂謂此禮樂皆成王所賜，不知乃其君臣竝緣僭用也。隱公問羽數於衆仲，蓋亦知僭禮之非，故特於中子之宫，減用六羽，其餘仍舊用八佾。雖然《語》、《孟》、《詩》、《書》、《左傳》皆不及賜禮樂事，獨《禮記》言之，或者雜出於漢儒之手，則子美之言，不爲無稽。

但生於千載之下，創爲此論，而無所按證，人誰我信。子美名隆，臨安人，其學與吴準齋伯仲【五】，而心事過之，四明攻媿先生之客。

道學黨禁始於元祐間。伊川出入吕申公之門，東坡導諫議孔文仲奏頤爲吕門五鬼之魁，編管涪州。崇寧二年，范致虚言，程頤邪説惑衆，雖正典刑，今復注書非毁朝政。追毁出身以來文字。紹興初，秦檜引伊川門人胡康侯入經筵，一時善類多位於朝【六】。及檜罷，吕相、朱相盡逐之。明年，趙忠簡爲相，尹和靖以布衣入講。士大夫多稱託伊川門人進用，桐廬喻樗自選人除正字，中書王居正行誥詞。時號伊川三魂，鼎爲尊魂，居正爲强魂，楊時爲還魂，言時死而道猶行也。鼎去國，司諫陳公輔言程氏之學狂怪【七】，榜郡國禁之。淳熙九年，晦菴爲浙東提舉，按台州唐仲友不法。丞相王淮與唐姻故，使察院陳賈彈之，侍郎鄭丙目爲僞學，遂以祠去。太學詩曰：「周公大聖猶遭謗，元晦真賢亦被譏。堪歎古今兩陳賈，如何都把聖賢非。」十五年，除兵部郎中，侍郎林栗就問所著《易解》及論《西銘》，先生歷攻其失，栗意不平，奏熹偏説欺慢，出爲江西提刑。紹熙五年，趙丞相汝愚。起晦菴侍經筵，會忠定有輔立之議，使韓侂胄通意東朝，遂居中用事，誣忠定貶永州。殿院劉德秀、何澹交章攻道學，榜於朝堂，晦翁奉祠，草封事欲明忠定之冤，門人蔡元定卜之，遇《遁》之《同人》，乃止。慶元二年，張貴謨指論《太極圖》之非，知舉葉翥、倪思奏：「道學之魁，鼓惑天下，乞毁《語録》之類。」是科所取稍涉義理之説皆黜之，「六經」、

【五】其學與吴準齋伯仲　「齋」原作「齊」，據四庫本及《郡齋讀書志》卷五上改。

【六】一時善類多位於朝　「時」原作「年」，據四庫本改。

【七】司諫陳公輔言程氏之學狂怪　「輔」原作「甫」，據四庫本及《宋史》卷二八《高宗紀》改。

《語》、《孟》、《中庸》、《大學》爲世大禁。朝論洶洶，爭以晦翁爲奇貨。胡紘草疏欲上而遷去，授察官沈繼祖上之【八】。晦菴褫職，蔡元定編置道州，卒。侍郎劉珏目爲逆黨，請置僞學逆黨籍，凡五十九人，宰執則汝愚、留正、王藺、周必大，待制以上則朱熹、徐誼、彭龜年、陳傅良、薛叔似、章穎、鄭湜、樓鑰、林大中、黄由、黄黼、何異、孫逢吉，餘官則劉光祖、吕祖儉、葉適、楊方、《黨禁》作芳。項安世、沈有開、曾三聘、游仲鴻、吴獵、李祥、楊簡、趙汝讜、汝談、陳峴、范仲黼、汪逵、孫元卿、袁燮、陳武、田澹、黄度、詹體仁、蔡幼學、黄灝、周南、吴柔勝、李𡌴、王厚之、孟浩、趙鞏、白炎震，武臣則皇甫斌、范仲壬、張致遠，太學生則楊宏中、周端朝、張衜、林仲麟、蔣傳、徐範，士人蔡元定、吕祖泰。至嘉定初，黨禁始解。夫道學者，學士大夫所當講明，豈以時尚爲興廢。由體認而踐履，由踐履而設施，如韓、范、歐、馬、張、吕諸公，無道學之名，有道學之實，而人無閒言。今伊川、晦菴二先生，言爲世法，行爲世師，道非不弘，學非不粹，而動輒得咎，何也？蓋人心不同，所見各異，雖聖人不能律天下之人，盡棄其學而學焉。此孔子所以母固、母必，無可無不可，甚至欲無言，不得已而應答，則片言數語而止；其不足於列國公卿大夫也，則未嘗輕出口，是非襃貶隱然寓於《春秋》之筆；其不足於由、求、予、賜、樊遲也，則未嘗必其從己，忠告而善誘之，不從則已。進互鄉，見南子，從佛肸，之公山，削圭角，去崖岸，油油然與衆偕，而猶不免於鄉人、武叔、荷蕢者之譏，匡人、桓魋、陽虎之害。今二先生以道統自任，以師嚴自居，

【八】授察官沈繼祖上之 「授」原作「按」，據四庫本改。

别白是否，分毫不貸，與安定角，與東坡爭，與龍川、象山辯，必勝而後已。浙學固非矣，貽書潘、吕等既深斥之，又語人曰：「天下學術之弊，不過兩端，永康事功，江西穎悟。若不極力爭辨，此道何由得明？」蓋指龍川、象山也。程端蒙謂如市人爭，小不勝輒至喧競。夫道固常在，而時則有不同。當時如明道、梭山二先生，同此學也，而未嘗與人忤，以其雍容和易有聖門氣象也。然時非其時，人非其人，上意所向，從風而靡，士大夫欲追逐時好，從非其學，亦將矯入此門。上之崇尚此學者，謂其可以扶世而立教，可以美政而善俗也。愚恐開物成務之事業廢，而爲格物致知之談；盡心職業之功夫捨，而爲存心養性之説矣。故孝宗皇帝恐其流爲晉人之清談。吕尚書祉云，今爲伊川學者，皆非有守之士，是小人之中庸，而無忌憚者也。最是今京城有一等贗儒【九】，素以鑽刺爲生。見時尚道學，旋取《近思録》《性學源流》等書，剽竊其語，置牙頰間，以誑惑人聽，外示雍容，内實急於進取，口談道義，心實巧於逢迎。此正陳賈假此名以濟其僞者。句似有脱文。

學黨五十九人，無非端人正士，盡入劉珏一網。侂胄既誅，史衛王當國，一切擢用，悉至顯官，無一人遺者。天地閉塞之氣，在此一舒【一〇】，四方憤鬱之情，至此一快，其於國脈，豈小補哉！漢黨錮之後，惟不知出此，遂有黄巾之變，而促漢於亡。所恨衛王晚節不競，故此盛美，爲過所掩，然在相位者二十六年，豈偶然哉。

天之説有定、未定，方其未定也，知術常可使，機械常可用，勢力常可施；及天理一

【九】最是今京城有一等贗儒　「儒」字原脱，「贗」字下原有小注「疑脱儒字」，今據四庫本補。

【一〇】在此一舒　「在」，四庫本作「至」。

回，人事乖剌，知窮力屈，禍至災生，雖有良、平之知，賁、育之勇，不能免焉。侂胄誣趙忠定爲不軌，陷道學五十九人爲逆黨，雖天地爲人易位，越十年，侂胄戕於鋒刃，而天者定矣。

《易》辨君子小人，惟陰與陽。《論語》别君子小人，惟義與利，曰：「君子喻於義，小人喻於利。」此其要指也。曰：「汝爲君子儒，毋爲小人儒。」君子之學，爲己爲義也；小人之學，爲人、爲利也。曰：「君子和而不同，小人同而不和。」君子惟義與比，安能苟從；小人見利必爭，安能久和。曰：「君子泰而不驕，小人驕而不泰。」君子安於義，無入而不自得；小人遑於利，得志則洋洋然。曰：「君子易事而難悦，小人難事而易悦。」君子平易，稍合於義則已；小人姦險，但有所利則喜。曰：「君子求諸己，小人求諸人。」義根於心，故求諸己；利生於欲，故求諸人。曰：「君子坦蕩蕩，小人長戚戚。」由於義則心地常坦夷，役於利則心中常不足。曰：「君子上達，小人下達。」義則剛毅特立，故能上行；利則柔行巽入，故愈趨而下。曰：「君子固窮，小人窮斯濫矣。」君子見得則思義，小人見利則忘義。曰：「君子周而不比，小人比而不周。」義交則淡以成，利合則甘以壞。曰：「君子不可小知而可大受，小人不可大受而可小知。」明大義則識高見遠，見小利則淺中狹量。曰：「君子成人之美，不成人之惡，小人反是。」義則與人爲善，利則同惡相濟。曰：「君子懷德，小人懷土；君子懷刑，小人懷惠。」徇義者安於義，徇利者安於利。曰：「君子哉蘧伯玉。」以其有道則仕，無道則卷而懷之，所守惟義也。曰：「小人哉樊須也。」以其請學稼請學圃，所趨惟利也。

子思言喜怒哀樂未發謂之中，而不言所以處喜怒哀樂者，何也？蓋子思之意，固在言前矣。由「率性」而下，至「謹其獨」，凡四節，然後入於「喜怒哀樂」。能率性，能脩道，能不離道，能戒謹、恐懼、慎獨，則喜怒哀樂之發，無不中矣。此楊誠齋之説也，恐子思之意未必然。

《孟子》曰「伯夷聖之清，伊尹聖之任，柳下惠聖之和，孔子聖之時」云云。知譬則巧，聖譬則力也。誠齋曰：「説者每謂聖猶力，賢猶巧，巧或有不能，力無有不至，是不以巧爲悦也，而不知其意正以巧爲悦也。」《孟子》不云乎，猶射於百步之外，其至爾力也，其中非爾力也，則是悦於中矣。至而不中者有之，未有中而不至者。中非力，則至非巧矣。然則聖之尚乎智，猶射之尚乎巧。智所以運夫聖也，惟三子者聖而未知，故任則不能清，清則不能和，和則不能任。而不離夫清和任，孔子之所以聖；能離夫清和任，孔子之所智也。曰始條理者，非序也，用也。始猶門也，終猶室也，無門以出入，則室亦虚設也。

余幼讀黄黼《道者古今之正權論》，喜其間架整齊，句語警拔。近方見次名乃陸象山，文雖不及，而理致過。謂權者道之用也，道之所在，則權之所在，烏有不正者。猶之權衡也，銖兩觔鈞石雖具於衡，而進退抑揚，惟權是任。至於銖兩觔鈞石之不得其當，則不善用權者之罪也，非權之有正不正也。

楊慈湖《夫子言性與天道論》，聞之固所以不聞，不聞所以真聞。又云「可以知則可以聞，不可以知則不可以聞」。又云「有所聞焉，必有動焉；有所聞焉，必有實焉；有所聞焉，必有彼焉」。此全是禪家葛藤語。又云「鑑之虚明，本無一物，塵或汨之，則鑑非其鑑；性天之真，本無一物，又有聞焉，是加一物也」。此祖六祖云「本來無一物，何處惹塵埃」。蓋慈湖之學出於象山，象山於禪學固嘗經意，於内典固嘗貫穿，觀其《答王順第二書》可見。近太學私試，再出此題，魁謂道之妙者不容不言也。此言慈湖意爾，不知慈湖論中，自有一論，云「舉夫子一身，皆性與天道」，只此語自可包盡此一段意，蓋聖人一身，舉措云爲，無非性與天道之發見，何待於言。

明道曰：「以吾觀於釋氏，事事是，句句合，只是不同。」故文定公以語其子五峰先生，五峰問曰：「既云事事是，句句合，又云不同，何也？」公曰：「於此有見，吾當許汝。」永嘉玉成薛先生曰：「先覺之士如周子、二程子、張横渠、楊、謝、游、胡、晦菴、南軒，皆於學道之初，出入老釋百氏，然後有所覺也。」然伊川云「游酢、楊時，皆先去學禪，知向裏没安泊處，而後求此」。八十五六時嘗學禪，後去取聖賢書讀之，回看釋氏，漸漸破綻。文豹謂究竟到底，固失之蕩，姑就其外境觀之，設心廣大，置身清高，絶勢利心，無人我相，則亦未易能也。至好之篤者，無如王荆公、張無盡，而二公舉措，曾不得其近似。愚謂不必論道學、禪學，但隨其所學而見於日用，内而存心養性、立身行己無所歉，外而待人接物、處事應世無所戾，則一部《論語》可以貫三教矣。若以小道爲可觀，而味其詞旨，以世界爲空花，以有無爲生死、爲幻泡，則前日之躁心、競心、鄙吝之心，雖未能頓去，亦可以暫消。柳子曰：「退之病余與浮屠游，予與之游者，非必能通其言也。凡爲其道者，不愛官，不爭能，樂山水而嗜安閑。吾病世之逐逐然惟印組是務以相軋也，則捨是其奚從？」荆公語葉濤曰：「博讀佛書，勿爲世間閑文字。」安石枉費許多工夫，做閑文字。噫！公以學術壞人心，以政事誤天下，砌成靖康之禍，不此之悔，而悔閑文字，雖千佛出世，不可懺悔矣。洪覺範假張無盡名，作《護法論》以排儒，謂居士乃佛稱，歐陽公排佛，卻號六一居士，正理在人心，未嘗泯没。嘗以己意推之，每讀史傳，見賢人君子、忠臣義士，則中心羨慕，撫卷三歎；至於憸人惡類，姦臣逆儔，則忿嫉之氣勃勃然。於朝廷之除授也亦然，其於賢也，則欣喜稱羨，惟恐其不至大官也，否之則爲不平不懌。初非識其人也，自是此心之發見爾。及採之輿論亦然，則知人心一也，心無有不善，理無有不在，特爲利物所蔽爾。《易》曰：「窮理盡性。」《孟子》曰：「盡其心者知其性。」性静而定也，心實爲之役，心徹理融，則所存皆正性，所見皆正見，所言皆正言也。潁昌靳先生裁之有言：「志於道德者，功名不足以累其心；志於功名者，富貴不足以累其心；志於富貴而已者，則亦無所不至矣。」晦翁《論語集解》摘其語云：「志於道義，則事業不足道；志於事業，則富貴不足道；志於富貴，則其人不足道。」大抵道學、禪學，於性理有餘，於世法或不足，惟孔子之言，則無施不可。《論語》一書，講論義理，非不明切，而未嘗絶人仕進之心，曰富與貴，是人之所欲也，不以其道得之，不處也。雍容和緩，而不爲斬絶之言，此所以萬世之下，愚不肖皆可與能也。

山谷甥洪芻，字駒父，作《陶靖節祠記》。晦菴守南康，題云：「洪芻作《靖節祠記》，於君臣大義，不可謂無所見，而靖康之禍，乃縱欲忘君，悖逆穢惡，有不可言者。」送學榜堂上。

龜山南劍人，以《春秋》補入太學，登進士第，累任監常州市易，年七十，以宰相王黼薦，除祕書郎。召至闕，遷著作郎，累遷給事中。紹興初，爲工部侍郎。卒，誌銘及言行録皆爲魯諱，不言所薦。

英宗謂歐公性真，韓公謂歐公性偏，公則謂性非學所急。伊洛諸公，謂飢食渴飲，此本然之性，出於命也，無不善，智愚緩急，此所稟之性，出於氣也，故不同。如五方之民，剛柔不齊者，氣所稟也，故氣稟之性，君子有不性者焉。孟子所以教人知性、忍性、善性，知其偏急，則深忍力矯，習爲寬緩，養成中和，終不至於躁暴輕發。此佩韋佩弦，習與性成之説也。

康節語其子曰：「張巡、許遠同爲忠義，兩家子弟互相攻，併爲退之所貶。凡託伊川之説，議吾爲數學者，子孫勿辨。」蓋先生之學，謂非數不可，但由此入物理性命之學爾。孔子非不深於《易》，而自贊翼之外，平時未嘗一談及焉。故子貢謂夫子言性與天道，不可得而聞。

晁無咎曰：「好名好利，均爲失德，好名者猶有所畏，好利者無所不爲。」薛季宣曰：「好名特爲學問之累，人主誠得人人好名畏義，何向不濟。」

人爲萬物之靈，未易稱也。孝弟忠順之行立，而後可以爲人。柳子厚《送弟謀序》云：「問管仲，曰人也。若謀也，非所謂人與。」

東萊曰：「愛既篤則慮自周，懇惻勸導，自有不能已者，所謂忠焉能弗誨乎。若視人漠然不相干，或遲疑畏縮而不發，皆於忠少欠耳。」文豹謂以事神之心事君，以奉妻之心奉親，以恕己之心恕人，以待妓妾之心待朋友，舉此加彼，則無往而不忠順孝弟矣。

温公謂誠自不妄語始，真格言也。《論語》言信凡二十餘處，蓋人無信不立也。文豹與人交游，有所期諾，時刻不違，或言不及酬，必先期告之，惟恐有諸責。以此施於人，亦以此望於人，而人鮮有以此報者。夫大時不齊，大信不約，大人者言不必信，行不必果，固也。然反之吾身，未能爲大人之事，而欲以大人者自詭，則言行不相應，反流爲妄人也。今吾語人以誠實之説，孰不知其爲美，然知而不能行，行而不能久者，皆由規小利，急近效也。規小利而又速效，則遇便輒趨，逢機即投，智巧權謀，縱横變詐，捷出而乘之，何暇顧信義。雖然，得失分也，窮通命也，予以真朴自恃，誠實自信，持久不渝，自有餘效。請觀知舊閒凡其智術之過我者，或速飛而早喪，或倏富而忽貧，或身亡而家潰者十七八，而予獨得後死，計其所獲，不已多乎！

《列子》曰：「善不與名期，而名隨之；名不與利期，而利歸之；利不與爭期，而爭及之。」

永嘉玉成先生薛季常疑之。作《伊洛源流譜》，自孔子、子思、顔、曾、孟子，至濂溪周子以下凡九十餘傳。慶元閒書始成，而學禁正嚴。攻媿先生題其端曰：「趙元鎮相業甚偉，其學不無所傳授。夫豈知自盛行之際，而乃翻謄撰造，出奇見新，自附於朱文公門人之列，欺愚後輩，以資干禄釣名者之具。不然，何張宣公、薛常州、季宣。吕成公講解語録，書坊中寂不見邪？蓋玉成以吾道方屯，恐數十年後老成彫喪，後生小子不知根柢，耳擩目染，日變而不復還，故作此書。」水心挽之曰：「乾坤未放虚空壞，鑾貊猶須事業成。」

趙忠簡號得全，宗伊川之學，由司諫三遷至大用。高宗曰：「趙鼎過人遠甚，但過信册子上説話。」文豹謂講義理，別白是非，則須學術；酬酢事幾，區分利害，必用世法。蓋文學政事，在孔門已分爲二，剸煩治劇，固非沈涵章句者所能辦；臨機制變，尤非牽制文義者所能爲。

吴履齋《次鄭安晚贊思無邪韻》曰：「誠曷云思，防心之匿。思曷云近，根心之德。

觀斯須頃，驗顛沛時。一而勿二，淵乎其微。厥止既欽，厥躬斯飭。四體稟令，羣動受職。猶虞奔軼，差在毫釐。乾乾君子，毋或越思。」又《無不敬贊》：「盈天地間，事事物物，大而昭著。微而眇忽，惟吾中處，以身任焉。持敬以往，猶懼有遷。而況傲惰，先據其室。雜則不精，離則不一。執盈捧滿，曾靡其他。爲之主者，豈非心邪？」此固履齋素學也。淳祐庚戌，帥越甫期月召還，累年滯訟決遺殆盡，此則才敏也，非學所能。歐陽公曰：「文學止於潤身，政事可以及物。」

秦攻趙，趙欲帝秦，仲連請而止。秦聞之，引軍去。平原君奉千金爲仲連壽，辭曰：「所貴乎天下士者，爲人排患難，解紛亂而無所取也。」見人紛爭鬭訟，而爲之和解，實甚盛德大隲也。不然，則怨讎相攻，獄訟相尋，無時而已。故《周禮》以穀圭和難【一一】，以調人掌司萬民之難而諧和之【一二】。

慕容農曰：「尊不迫人於險，當人危極之時，其操縱之勢在我，此寬一分，則彼受十分之惠。若扼之不恕，控之不已，鳥窮則攫，獸窮則搏，反噬之禍，將不可收救。」

禍福倚伏之機，不可俄測。當大患難，大屈辱，大虧曲損折處，須堅忍順受，徐俟天理之回，則大禍未必不爲大福。小屈於目前，未必不大伸於日後。東萊曰：「天之生物，自蘖而條，自華而實，特造化之小者爾。霜焉雪焉，勁烈刻厲，翦擊其枝葉，剝傷其膚理，然後能反膏收液，鬱積磅礴，發爲陽春之滋榮，此則大造化也。必有大彫落，而後有大發

【一一】故周禮以穀圭和難　「禮」字原脱，據四庫本及《周禮·大宗伯》補。

【一二】以調人掌司萬民之難而諧和之　「掌」字原脱，據四庫本及《周禮注疏》卷一四補。

生；必有大摧折，而後有大成就。」

馬援病，梁松候之，拜牀下，援不答。諸子曰：「伯孫帝壻，奈何不爲禮？」援曰：「我松父友也，何得失其序。」文潞公出守北京，運使李稷謁見。公著道服出曰：「汝父，我門下士也。」只八拜。錢尚書遹謁鄱陽彭器資【一三】。值朔日，但見有衣冠十輩來謁，拜問起居而退。錢問此何人，曰：「昔范希文守吾邦，以風教厚俗，州人慕之。州人至今，尊長者以父兄自居，後進以子弟自處。」今時後生晚輩，頭角撑獰，稍能自振，則意氣洋洋，見其居於位，見其與先生竝行也。老成先輩，以晚暮自循，方逢迎之不暇，所謂善鄭以勸來者，猶懼不至，況不禮焉。年來薄惡尤甚，專以貧富爲親疎，窮達爲輕重，族義且無，況親義、鄉義、交義乎。

淳祐十年，江西運判尹焕按瑞州解，試官永興簿周夢炎。出策題云：「男子以七尺軀，爲天地最靈物。造化刮裂元氣，取其精英以藏之。」怪誕可駭，乞褫一資。按此數語，乃徐驤《北征記》入頭全文。

包孝肅公訓其子曰：「後世子孫仕宦犯贓濫者，不得放歸本家，死後不得葬大塋之側。」歐公與姪書曰：「汝欲買朱砂來，在官宜守廉，何得買官下物。吾在官所，除飲食外，不曾買一物。」

《孟子》曰：「向爲身死而不受，今爲所識窮乏者得我而爲之，此之謂失其本心。」蓋

【一三】錢尚書遹謁鄱陽彭器資「彭」原作「趙」，據四庫本及《宋史》卷三四六《彭汝礪傳》改。

不受，乃本心也，今爲之，是失其本心。南軒曰：「無所爲而爲之，義也；有所爲而爲之，利也。夫有而與人，可也；無而取諸人爲己惠，是乞醯之爲，皆性分之累。」

陳内翰堯咨。有惡馬，賣與商人。其父諫議省華曰：「汝尚不能馭，商賈安能覊此。」命反其直。

虞丞相允文。持所註《新唐書》干秦檜，爲同舟者竊之以獻。公乃獻以他文，而竊者已先去。回途謁夔守沈該，問公以同舟之爲人，公盛稱之，沈曰：「是人極口毀君。」公曰：「其所長甚多，但差好駡。」公嗟歎再三，尋入參大政，白召公，遂至大用。

有欲爲公買緑野堂，公曰：「如晉公誠可尊敬，一旦取其物而有之，如何得安？寧使耕壞爲他人有，已則不可取。」張司空齊賢。得晉公午橋莊，賦詩曰：「午橋今得晉公廬，花竹煙雲興有餘。」象山曰：「無常産而有常心者，惟士爲能。古者士無科舉之累，朝夕所誦，皆吾身吾心之事，是以不失其常心。後世弊於科舉，所向日陋，藏其軀於利欲之塗，吾身吾心之事，漫不復講，於是有常心者不可以責士。」永嘉王德用少詣公薦，累舉不利，乃與兄德明謀盡賣其田廬，僞造禁物，爲國書以奉交趾。其國主大喜，親與宴會，出宫女佐樽。以德用材藝而敏給，厚禮而留之。遣乃兄回，金玉貨寶犀象白牛角之類，充牣舟中。及抵崖，篙工欲分之，而靳不與，遂告之官。太守吴鶴林泳申朝廷，行下浙東提刑司，追逮二十七人，分禁會稽、山陰兩縣，十數年皆死於獄瘟。獨德用之妻郭氏無恙，責付官醫。淳祐初，憲使吕午新建臺，郭往赴訴。憲使謂一行人盡死，留此婦人何用，爲申朝廷，行下棘寺議。以罪人不孥，夫既亡命，卒難捕獲，押歸本貫，著家知管。郭氏年今三十五，近又再嫁矣。永嘉瀕海，向有海寇之擾，近有逆網之叛，澉浦瀕海有水軍。四明瀕海，故有制置【一四】，永嘉亦所當防。樊若水之陷江南，張元之臣西夏，皆累試不得志之士。

碑記文字鋪敘易，形容難，猶之傳神，面目易摸寫，容止氣象難描模。《南海廟碑》：「雲陰解駁，日光穿漏，波伏不興。旗纛旄麾，飛揚晻靄。乾端坤倪，軒豁呈露。」《岳陽樓記》：「春和景明，波瀾不驚。上下天光，一碧萬頃。長煙一空，皓月千里。」《醉翁亭記》：「夕陽在山，人影散亂。樹林陰翳，鳥聲上下。」《赤壁賦》：「清風徐來，水波不興。白露横江，水光接天。江流有聲，斷岸千尺。山高月小，水落石出。」此類如仲殊所謂「費盡丹青，只這些兒畫不成」。

范文正公守饒，善妓籍一小鬟。既去，以詩寄魏介曰：「慶朔堂前花自栽，便移官去未曾開。年年長有别離恨【一五】，已託春風幹當來。」介買送公。王衍曰：「情之所鍾，正在我輩。」以范公而不能免。慧遠曰：「順境如磁石遇鍼，不覺合爲一處。無情之物尚爾，況我終日在情裏做活計耶。」張衡作《定情賦》，蔡邕作《靜情賦》，淵明作《閑情賦》，蓋尤物能移人，情蕩則難反，故防閑之。

趙虚齋以夫。建宅，上梁文末云：「有花有酒，姑爲過客之懽；無子無孫，盡是他人

【一四】故有制置　「有」字原脱，據四庫本補。

【一五】年年長有别離恨　「有」字原脱，據四庫本及《能改齋漫録》卷一一補。

之物。」可謂見盡。樂天詩云：「多少朱門鎖空宅，主人到老不曾歸。」虛齋年高德劭，位官亦顯矣。若歸以花酒與過客相懽，尤達見也。

山谷在萬州，喜一鄰女，後嫁一下俚，因賦詩云：「淤泥解出白蓮藕，糞壤能開黄菊花。可惜國香天不管，隨緣流落小民家。」余謂不特美色，今英俊奇材，則生於巖谷；金銀珠玉，則生於山澤；穀粟桑麻，則出於糞土。至穢者糞，而糞字上從米，穢字旁從禾，因思在天壤閒生生而不窮者，皆農與牛之功，其功與天地等。今世俗動以本村牛訴之，至忍啖其肉。予鄰居張松，少攻殺牛。淳祐己酉，年六十，忽患頭疼，睡則膿自兩耳出，瘦盡窮極，止餘殺牛小刀，人以五千買去，其夕遂殂。蓋殺牛者率於腦上百筋會處，一鉞而倒。

唐董晉曰：「欲知宰相賢否，視天下安危，所謀議於上前者不足道。」

王魏公無他客，惟楊億至則倒屣。晏元獻所厚惟小宋、歐九。以萊公而服王嘉祐勿爲相之言，以韓公而愧范純祐受金帶之説。凡富貴之人，日處順境，苟無道義之士，正大之論接於耳目，則汩於聲色貨利，怵於榮辱得喪，一念源流，子孫亦皆癡騃矣。雖然，阿意之言易入，逆耳之論難投。近時侯門魚龍雜集，惡直醜正，噂沓背憎，以端介鯁直見重者能幾人。

宋宣公捨其子與夷，而立其弟穆公。公疾，命出其子而立與夷。藝祖以母后之命傳位太宗，歷九世至高宗，方以藝祖肇造王室，特於子字號下選立孝宗。

丁晉公同夏英公看弄水碗，丁屬夏賦詩曰：「舞拂跳珠復弄丸，遮藏巧便百千般。主公端坐無由見，卻被旁人冷眼看。」韓侂胄看弄傀儡，令包道成作詩：「一人頭上又安人，脚踏空虚舞弄春。莫教綫斷兒童手，骨肉都爲陌路塵。」二公末年，皆如此詩。

胡榘既論罷，九華葉寘作《三學義舉頌》，其序曰：嘉定十二年五月五日己亥，太學生何處恬等二百七十三人，相率上書，言工部尚書胡榘及其兄槻，中外相挺，引董居誼、聶子述、許俊、劉琸誤軍敗國，奏聞未報。己未，祕書監柴中行奏，三學所言，不宜含糊，付之不恤，是欲私庇其人，而使吾君有拒諫之失。辛酉，國子監丞蕭舜咨劄白：「諸生言事，無非公論。而朝廷乃謂黜陟之權，不當徇布衣之請，此非天下之公言，特左右游揚之私爾。」丞相乃召太學博士樓昉至賜第，俾諭諸生，以學校爲伸公輪對爲體，朝廷廟堂未嘗加喜愠。昉退，亦以劄白：「乞採公論，助乾決夬，若依違含糊，内伏疑根，則昉也一夫之頰舌，安能解千萬人之惑，而公論且將迴指於昉矣。」越六月戊辰，諫大夫始率其屬論榘，及禮部侍郎袁燮俱罷。燮老儒，好持論，嘗與榘爭國事，欲振笏擊之，爲衆所奪，朝廷欲示公行，故併及之。夫進賢退不肖，君相之任也，自用舍不公，邪正雜揉，而後學校公論始不可遏。昔子產不毀鄉校，蓋知公論之所從出，故韓愈追歎而詩頌之。漢、唐閒，太學生勇於義者，如王咸之救鮑宣，劉陶之薦朱穆，何蕃之留陽城，皆盛舉也。咸與陶之名載在信史，蕃之事柳宗元貽書致賀，謂千百載不可復見，乃在今日。夫士之傳言，古以爲常，今以爲異，道之污隆，於斯可見。聖朝追古，重學崇儒，無言不酬，有諫斯納。雖大峑騰如崇觀間，賊京鉗天下，屏氣不得吐，而鄧肅進詩，諷諫花石，京欲罪之，上嘉其意，止給告歸本貫。及方臘叛，果以花石指斥乘輿，上思肅詩，當宁歎曰：「曾謂諸言官以諫名，反不如一布衣。」乃罷中丞周武仲等。靖康初，肅以鴻臚簿起家，建炎初爲正言。肆今皇上恭儉憂勤，天開事機，撫而不發，羣賢顒顒，待用而翔。顧如桀者，擁蹲日久，邦之扼捏，僉曰汝由，三學糾舉，抉而去之，如距斯脱，豈不快哉。宗元非端人，貽書不足效，謹準韓愈頌子産例，作頌二十一章，章十句。頌不録。

嘉定庚午，謝材、鍾明倚當張沂田産，爲京尹趙師睪拘没價錢，館客武學生柯子沖、盧得宣與之經營，併決竹篦，押出國門。武學生周源等狀，謂本學規罰，其第一等屏斥，已該流罪，情重者賈楚，視流罪有加。今子沖等誣服之罪，不應流以上罪，本學已將各人下自訟齋，實比徒罪。乞將臨安府一行官吏，追送根勘。又司業陳武、監丞孫杓、國博林瑑、大博樓觀、姚師皐、國正張方、太學生宣繒、國録虞萬、學録林坰、武博曾準、武諭劉靖之等狀，今月十三日，武學生員爲臨安府擅將柯子沖、盧德宣撻逐，捲堂而去。武等忝爲學官，難以在職，乞行罷黜。十一月十六日，奉聖旨，師睪罷知臨安府，仍舊兵部尚書，司理趙師夔放罷，人吏戴安禮、沈謙押送轉運司，杖一百斷勒，仍下本府。今後兩學士人，因事到官，合行理對，或因干連，合行追證，竝申國子監，俟回報方得施行。學官各安職守，曉喻諸生歸齋。二十日，師羃奏乞罷黜，詔曰：「《傳》云，人誰無過，過而能改，善莫大焉。卿法從近臣，回尹天府，以儒飾吏，世高其能。豈不知祖宗建設兩學，以幸多士，朕所加意。事至於前，平心予決，或申或奏，輕重惟允。吾有法在，彼將何辭。胡不審思，至於過舉，士心固不可失，國體尤所當全。置我佩衿於城闕，雖區處之未遑；藉卿彈壓於京師，實觀瞻之攸係。豈以一責，而墮所長，理官胥吏，既底於罰，卿何尤焉。痛自克責，勉安厥司。」

神宗定官制，自監司以上，則宰執具人材資任合充選者數人，取自聖裁，威福在上，差除至公。今大臣有所進擬，乃指定一名，凡部闕自幹官僉幕以上，悉爲堂闕；有一任回即干堂，一經堂除，便是資歷，即可扳援，越次差遣。夤緣鑽刺，奔競成風。淳祐間，游相柄政，悉已歸還，及去國，又仍舊。庚戌十月，左藏趙監門崇滋。授江西憲幹，中書鄭發繳令下部，爲避銓法冒堂差之戒。

舜陟位，首征苗，誅四罪。成王雖享成，亦伐淮夷，征不庭。春秋公子入國，必藉大國之兵。文帝夜拜宋昌爲衛尉，張武行殿中事，以收兵權。蓋初履尊位，非此不足以攝人心。故自三代、秦、漢迄我朝，皆以兵得天下，人主皆親歷行陣，習知武事，知居重馭輕之勢。承平既久，則習文忘武。高宗曰：「前此朝士若乘馬馳騁，必以爲失體。才置良弓利劍，便謂謀叛。靖康之變，京師至無兵可交。今邊方無事，正當修明刑政，而軍實不計，缺額不補。如武舉、武學，正以試其武藝，而除絶倫能挽二石弓外，其餘則以弓矢鞍馬爲文具，於經義論策則極意加工。」蓋上以此取，則下以此應也。

達則願爲宰相，窮則願爲良醫，以濟人利物之功一也。朝廷置惠民局、太醫局，所以達濟利之心，贊仁壽之治也。今惠民局以藥材貴而藥價廉，名雖存而實則泯。職其事者，太府丞也，非惟藥材不能通曉，而驟遷倏易，亦不暇究心職業。所謂四局官，止於受成坐肆而已，惟吏輩寢處其間，出入變化，皆在其手。藥材既苦惡，藥料又減虧，稍貴細藥，則留應權貴之需，四局所賣者，惟汎常粗藥，缺者多而贖者亦罕。一局輸費，爲數不貲。民受其名，吏享其實，故都人謂惠民局爲惠官局，和劑局爲和吏局。所謂太醫局生者，始以賂隸名籍，每年則隨銓闈公試，題目以五經爲主，程文以一義爲限，考試以五日爲期。考官則判局送差【一六】，率皆市井盤藥、合藥、貨生藥之徒，捐數百緡賂判局即得之。其就試者，亦是賂判局指授考官，臨去取不看文字，惟尋暗號，錢到則雖乳臭小兒，庸鄙粗材，不識方脈，不識醫書，姓名亦皆上榜。監試者視爲文具，率不經意，向惟察院呂午知此文義，遂去一二，考官稍取得幾人爾。局有八齋，率四日設一蚤饍，公帑錢糧，悉入局長之家。爲生員者，志不在食，惟欲僥倖省試一得，便可授駐泊，坐享俸給矣。愚謂惠民局莫若依嘉熙間太府陳請，罷去此局，太醫局則照太史局委朝士提督，每日行食，每旬堂課，每月私

【一六】考官則判局送差　「送」，四庫本作「選」。

試，其公試、省試考官，則臨時委朝士及監司、太守舉儒醫，取朝旨點差，庶幾人知習學，不至以庸醫殺人。

張忠定曰：「監酒之法，但好釀酒，剩饒人，則事辦矣。」余見今酒官皆先禁私酒，次造醨酒，蓋私酒絶則官酒雖惡，不容不買。甚至民間凶吉事皆勒買官酒【一七】。晉劉宏鎮荆州，見酒室有齋酒、聽事酒、猥酒，曰：「當投醪與三軍同厚薄，毋得分别。」今州縣酒上則宅堂都吏，次則供筵餽送，下則汎常餽送，最下則犒設沽賣，官飲醴泉，民飲惡水，私釀升斗，輒破家蕩産。

立法初意未嘗不善，法久弊生，未嘗不爲民害。祥符初，潁州饑，守臣王旭以官錢十萬與民，約來年蠶熟，每千輸一縑，謂之和買。民便之，遂頒行天下。自是每年和買與本色竝輸，實無一錢。乾道四年，崇安饑，朱文公請於建守，貸六百石給饑民，至秋償粟。太守令留里中而上其籍，文公因召對奏之，曰：「始則石出息米二斗，今十四年，造倉三閒，還本府六百石，外見管三千一百石，皆是息米。今去其息，止納耗米三升。」淳熙八年，文公爲浙東提舉，歲饑，遂行此法，置十社倉。久之本息之米，官悉移用，荒年未嘗給散，而每年照元借名籍【一八】，拘納息米如故。象山《答趙監書》曰：「社倉自元晦建請，幾年於此，有司不復挂之牆壁，遠方至無知者。近在敕局方見之，與同官咨嗟累日，遂編入賑恤門。」然象山知其一未知其二，文豹亦不知其詳。淳祐元年，余兄文龍。爲會稽尉，見府

【一七】甚至民間凶吉事皆勒買官酒　「勒」原作「勸」，據四庫本改。

【一八】而每年照元借名籍　「照」字原脱，據四庫本補。

學職事移文委催社倉米，究其所以，則皆是息年年白納，永無除放之期。學職並緣苛取，乘勢作威，拘催鞭撻，無異正賦。愚謂當官爲政，不必求利民，但因民所利而利之足矣。《周官》荒政十有二，一曰散利，外如薄征、緩刑、弛力、舍禁、去幾、眚禮、殺哀、蕃樂、多昏、索鬼神、除盜賊，皆是不費之惠。若惠出官司，經由吏手，則利未及民，先肆其擾。東坡云：「家若自有羸餘，何至與官交易。」范文正公知蘇州，年饑，召諸寺主僧，責令處處修造，官亦大興工役，由是饑民糊口於公私者，日以千數。嘉熙庚子大旱，京尹趙存耕科敷巨室糴米，始官給三十六千一石，未幾粒價增四五倍，豪民巨姓，破家蕩産，氣死、縊死者相踵，至今父老痛之。廷博案：三十六千一石句，似有誤字。

淳祐九年，臨安府造百萬倉，一應客板盡拘定，監抽解場劉坦道語吏曰：「客板每百片，將作監、臨安府、轉運府三處，共抽解二十四片，僅餘七十六片，若又盡拘買，是殺其一家也。此必非上意。」吏遂束手。前輩有言，漢之天下，弊於戚畹；唐之天下，弊於宦孺；我朝天下弊於奸吏。凡爲朝廷失人心，促國脈者，皆出於貪吏。士大夫但知爲身計，爲子孫計，爲門户計，不知凶於而國，則害於而家。孔光、張禹，巽在牀下，垂死猶顧其幼子而官之，及漢祚云亡，光、禹之門户安在？

紹定間，趙靜樂善湘。留守建康，急於財賦，不時差官下諸邑，孔粒以上，根括無遺。溧陽宰陸子遹，放翁子也，窘無所措，乃以福賢鄉圍田六千餘畝，獻時相史衛王，王以十千一畝酬之。子遹追田主索田契，約以一千二畝，民衆相率投詞相府，訴既不行，子遹會合巡尉，持兵追捕，焚其室廬，衆遂羣起抵拒，殺傷數十人。始則一豪婦爲之倡，勢既不敵，遂各就擒，悉寘囹圄，灌以尿糞，逼寫獻契，而一金不酬，就名福賢莊。自監官以下，皆四明人，販鬻酤賣，翕然成市。鄉民安之，乃與縣道立敵，以橋爲界，家家門首，列置鎗刃，擒得邑人，則活烹碎臠。癸巳冬，衛王薨，會金壇王侍郎遂在臺察，素懷此忿，田主十六户合詞赴訴【一九】，行下江東漕司，送本縣。時邑宰徐進齋兩以史雲麓所餽卻還，令田主各且管業收租，候上司行下。時欲歸之安邊所，或欲以佐和糴，議久不決。越六年，史申之入相，田遂歸焉。子遹始至縣，計赤立自獻田後，亦能展布，比其去也，所置銀器，如硯匣、火爐、酒具等，每事大小各兩副。劉漫塘遺之詩曰：「寄語金淵陸大夫，歸田相府意何如。加兵殺僇非仁矣，縱火焚燒豈義歟。萬口銜冤皆怨汝，千金酬價信欺予。放翁自有閒田地，何不歸家理故書。」此詩今在案沓卷中。

淳祐八年，史宅之以簽書樞密院事領財計，建議括浙西圍田及湖蕩爲公田，置田事所，選差官屬，其嗜利亡恥者經營爭往。州縣鄉鎮所在置局，官吏四出，奔走阡陌閒，凡瀕湖田畝，雖非圍田，一例抄括，各務虚張數目，以爲功能。又追集里正，供具數十年前絶户，并廢寺觀、廢菴舍，産去而名存者，悉行追究。連逮承買之家而掊拾之，或倍價以償，或重賂以免，一路騷動，怨嗟沸騰。及次年結局，一水湋没，顆粒不收。是年科舉，平江府

【一九】田主十六户合詞赴訴　「户」原作「復」，據四庫本改。

出《人情聖王之田賦》，有榜於簾前曰：「民怨已極，聖主不知，括天下之田，咈人情而宅之。」又有詩曰：「朝廷結局收虚數，官吏歸裝載實錢。傳語簽書史雲麓，閻王來括爾心田。」其冬，宅之死，年四十五。昔宇文融以括田稔天寶之禍，崇、政間，李彦以括田基靖康之變，而二人皆不得其死。衆怒豈可犯，衆怨豈可結。

州縣苛取之門非一，姑述納米之弊：斗斛係文思院給下，乃於鐵葉下增加板木，復以鐵葉蓋之，甚者輒自創置，所增尤不貲，其弊一也；斛面所帶已六七升，又有加耗，又有呈樣、修倉名色，又有頭脚錢、支俵等費，而耗米則又有用斗量，斗面贏餘，又倍斛面，故率三石方納得一石，至於總數既足，則盡令折納價錢，其弊二也；受納之官，必揀强敏之人，至有經營差委者，百端巧取，先獻出剩，然後累其贏餘，印打虚鈔，與胥吏及攬户通同分受，其弊三也；人户齎米到倉，不與及時交納，至於暴露累日，關節未通，賄賂未足，即行打退，往來搬運，倍有消折，其弊四也；縣官初到，典吏必以追催畸零，試其廉貪，絹則二尺、三尺，米則三升、五升，累而計之，則千萬數，民户雖有朱鈔存照，以所輸不多，亦不與較，其弊五也。建康溧陽縣苗米歲六萬石，樣米例有千五百石。端平元年，徐進齋宰是邑，連三年稔，竝不抽樣米。任法不如任人，苟非其人，雖法令昭昭，視如不見，詔旨切切，聽如不聞。

牙契錢者，民間買田宅【二〇】，則投印契書。嘉祐末，每千輸四十。宣和末，陳亨伯經

【二〇】民間買田宅　「民」原作「人」，據四庫本改。

制，增爲六十。紹興初，孟富文總制，又增爲一百，以三十五入經制，三十二錢半入總制，三十二錢半留州。乾道末，户部曾懷又取留州之半入總制。先是牙税外每千收勘同錢十文，後又增三錢，竝入總制，後於牙契勘同十錢外，又收五十六錢，分隸諸司。大率買産百千，輸官者十千有畸，而買契紙賂吏案之費不與焉。故人多隱藏白契，有以白契告首者，追賞及種種費用外，又倍税焉。惟京城賣買田宅多，而人亦不事告訐，官司欲招誘其來投印，故有放倍之令，又有減半之令，每千止税五十。淳祐九年，提領户部奏令諸州納牙契錢，上州百萬，中州八十萬，下州四十萬，歲抄差京局官分郡催督【二二】。惟建康留守吴退菴，以制府不輸。紹興府已解四十萬，適吴履齋起帥越，申朝廷追回。

版帳錢者，自渡江軍興後，諸邑皆有，惟浙中尤甚。率皆無名，鑿空取辦。余頃寓華亭，華亭大邑也，版帳三倍他邑，每日無所從出，例是典押科抑見禁罪囚及詞訴者。或從疎放，或從末減令，然須令尹之判。令亦幸其如此，欣然落筆。紹定戊子，臨川黄崖宰是邑，謂此錢出於訟獄之人，恐惹詞訴，乃募前後罷役公吏及羣不逞者百餘人，充斥吏案，人給一牌，至晚各輸五千。諸胥則於縣市鄉村富家等户，寺觀菴舍，每日輪投一牌，牌到立輸，無敢違者。余每見士大夫訴作縣之難，則首以版帳爲言，蓋出於無名也。朝廷若以民力爲念，損上益下，除去甚易。姑以一節論之，中興初，凡宫禁營繕，皆浙漕與天府共爲之。紹興末，漕臣趙子瀟奏，以其事歸脩内司，本司歲輸二十萬，其後節次至六十萬。及

【二二】歲抄差京局官分郡催督 「歲」字原脱，據四庫本補。

嘉熙、淳祐間，曾穎秀、趙崇賀、魏峻相繼領漕事，前後效尤，倍獻其數，遂至一百六十萬，而脩內司又逐時於左帑關撥，數尤不少。又不時行下天府，以某殿當修，某柱當換，京尹則照例進奉三十萬，或四十萬。年終以文歷赴比部驅磨，不過斧斤鍬钁等若干爾，一孔一粒，竝不登載。又有合同憑由司者，宮禁所有取索也。仁宗朝，葉清臣爲三司使，以內東門御廚凡所取索，有司不敢問，乃爲合同，檢其出入，令憑此取金銀錢帛於户部。而歲取動百萬計，年終驅磨，則比部郎中赴內東門，具位端坐，但數璫數𡢃，從旁算畢，令郎中僉尾而已。淳熙六年，太社令葉大廉乞內省取索，給憑由二本，一付傳宣司，一付本省，封付本庫務官，驗支訖繳奏【二二】，合同下户部除破。紹熙二年，又詔何澹等，稽考內諸司所給賜及營造【二三】，約爲中制，竟不果裁節。因思周以冢宰制國用，如工事芻秣之式亦與焉，其慮深矣。周公爲後世憑籍維持之計者，盡在三百六十官之所掌。然冢宰之尊，而所率之屬，惟閽寺、嬪婦、醫幕、飲食、縫染等人，蓋三百六十官雖衆，而一卿得人，各率其屬，有不職者，易以法繩。惟從事內廷者，人主朝夕與居，非但投其好、移其心者易爲力，而城狐社鼠，制之尤難。惟太宰位尊權重，使之隸屬焉，而後可得而制御。漢初此意猶存，高祖枕宦者，樊噲排闥直入；鄧通戲殿上，申屠賈召而責之。自武帝欲殺丞相之權，寵任宦孺，始有侍中、中常侍、給事中之號。唐憲宗欲相李絳，則先黜吐突承璀，欲罷絳，則先召承璀，極而至於黨錮之禍。宮市之弊，皆出於宰相之無權也。真宗欲以某氏爲貴妃，夜遣

【二二】驗支訖繳奏　「訖」原作「乞」，據四庫本改。

【二三】稽考內諸司所給賜及營造　「內」「所給」三字原脱，「賜」原作「陽」，據四庫本補改。

中使問李丞相，公引燭焚手詔曰：「但道沆以爲不可。」高宗時，內侍黃彦節移竹栽入內，丞相趙鼎見之，呼彦節責軍令狀，日下罷役。

國初贓吏皆斬，張希永止盜二百四十千亦死。紹聖後，方立三免法：不死，不黥【二四】，不杖。高宗曰：「若不盡追贓物，雖得罪猶不失爲富人，所以無憚也。」今日正坐此患，浙右根本之地，十室九空，聚斂愈急。高宗曰：「繆吏害民，甚於贓吏，贓吏一身取錢，繆吏則一州縣胥吏皆取。」文豹謂贓吏取錢，必與胥吏交通，官取十，吏取五，其害一也。漢有酷吏，無貪吏，郅都、董宣輩，雖酷而公廉剛直，貴戚、權奸畏之者，畏其廉正也。今之酷者，乃以濟其貪耳。又曰：「聞作縣者云，一年立威信，二年收人情，三年爲去計。」文豹謂今爲州縣者，急於取償，往往下車便爲去計，故有一年、半年、數月輒罷去。蓋利欲之念，膠固胸中，以儒者之言爲迂闊。殊不知爲政以人心爲元氣，得人心全在初政，初政一善，衆譽翕然，少遲歲月，所取愈大，所獲愈多，所謂先聲後實也。若先聲一喪，人心一失，終不可收救，一旦罷去，所喪多矣。劉中書守永嘉，語僚屬曰：「朝廷用汝便是錢。」真有味之言也。

淳熙閒，吏部郎中傅自得言：「縣尉獲强盜七人以上，與改合入官。比年仕者偶獲一二真盜，即妄捕愚民以充數，擒至尉司，毒以箠楚，瀕死而後送之。縣上之州，賂賄相蒙，竟成真盜。」愚謂速仕之心，人皆有之，孤寒小尉，望脱選如登天，幸而有此捷逕，故寧

【二四】不黥　「黥」原作「黜」，據四庫本改。

冒法以經營，扶合以成事。然冒此賞者多不振，其有知命與義，辭而不受者，皆至大官，蓋遲速自有時也。

真宗東封還，大酺，見都城士女懽洽，歸功宰輔，樞密馬知節言：「貧兒乞丐，盡被開封府趕出城外矣。」今所至州縣罪囚充斥，監司巡歷，恩赦疏決，則移寄他所，上下相蒙非一日矣。

武帝問宦者趙王子淖子如何，曰：「多欲。」上曰：「多欲不宜君國子民。」問武始侯，曰：「无咎无譽。」上曰：「可也。」汲黯譏帝多欲，而帝識見如此。《易》取无咎无譽者，蓋坤既純陰，六四又以陰居陰位，天地閉，賢人隱，故以此保身。若得時得位，得君得志，而以此自將，則持禄固寵，摸稜人也。

杜預鎮江陵，數餉洛中貴要，曰：「吾以免害，非求益也。」富鄭公生日，韓魏公不以遠近，歲致書幣，富公但答以老病無書，韓公終老不替。陳帥應求知福州，親故沓至，公設會，置五百千於前，曰：「有一聯能對者即席奉送。」曰：「三山出守，應求何以應其求。」獨一後生對云：「千里重來，公使盡由公所使。」

晉羊曼尹丹陽，每日饌客，早者得佳設，晏則漸罄，不及精，隨客早晚，不問貴賤。羊固守臨海，竟日皆美，晚亦盛饌。夫飾廚傳以爲過客，爲飲食以待朋友，人情世法，不容已者。晉文公過曹，曹不禮焉，僖負羈餽盤飧寘璧焉，故文公伐國自曹始，令毋爇僖負羈之宫。范逵過陶侃，侃母截髪易酒肴歡飲，逵乃薦侃爲廬江督郵，後以侍中都督七州。故《伐木》詩云：「有酒湑我，無酒酤我。寧適不來，微我弗顧。」

晉梁柳爲城陽太守，皇甫謐不餞之，曰：「柳布衣時，吾送迎不出門，食不過鹽菜。貧者不以酒食爲禮，今送之，是貴城陽太守，賤梁柳也。」李挺之任孟州司户，太守范忠獻不悦之。及移鎮延安，皆送至境外，挺之但别於郊，曰：「情貴稱，范公不我知而遠送之，是不情也。」未幾，責守安陸，過洛，三城無一人往，獨挺之沿檄見之。

堯定四時，既以中星又以鳥獸毛色驗之，《月令》及《七月》詩，節氣皆然，蓋天象隱而難窺，物理顯而易見。近來有律差之説，余嘗驗之，今到晦日，定是五更殘月方出，至朔日，則未昏黄新月已生。又其定日月食日分及所食分數，則一毫不差。何也，嘗因是思之，授時重事也。然自昔帝王皆付之曆家，雖周、孔大聖，不敢與能。今場屋輒以天文星曆爲策問，徐節孝於天文造妙，門人問之，則曰：「昔有學天文於譙周，曰：『天下事可學者多，何必天文。』」

子雲《太玄》，張揆、温公爲註解。瑩中謂知曆之理，元城謂於數深，惟老泉非之。後周衛元嵩作《元包》，唐蘇源明爲之傳，李江爲之註，時謂是陰陽者流。温公潛虚行狀、墓志不載。康節《經世書》、《先天易》欲授二程，答以無工夫，瑩中目爲考數書。余謂五書皆本於《易》，則經緯用之理學性學，無施不可。康節諱人言其數學，温公種牡丹，先生曰：「某日午時馬踐死。」至日廐馬絶繮奔赴之，此非數學而何。

伯樂姓孫，名陽。伯樂星掌天馬，陽善御，故名焉。同時九方歅亦善相馬，《列子》謂之九方皐。

唐文宗問：「食野之苹，是何草？」李珏曰：「藾蕭。」上曰：「《詩》疏云『葉圓花白』，恐非藾蕭。」陸璣云：「葉青白色，莖似芸香而輕肥，可生食及蒸食。」余謂次章云「食野之蒿」，蒿即蕭艾也，不應苹又謂之蕭。陸德明註作水蓱，尤錯。蓋《詩》稱鳥獸草木，俗各異呼，非周行天下，豈能盡詳。如蘋者生水濱，莖葉差似木芙蓉而弱小。花白，韓詩乃云「沈者曰蘋，浮者曰藻」。陳藏器及《白氏六帖》遂以苹、蘋爲一種。《詩》不云乎：「於以采蘋，南澗之濱。」宋玉云「風起於青蘋之末」，若沈水中，安得起風。

唐柳元度年八十而强力，人問之，曰：「但不以氣海煖冷物，熟生物，不以元氣佐喜怒爾。」余伯父録參云：「不食鮓醬，亦養生之一端。」王夕郎誠之書於蓮華寺壁，蓋不經煙火，乃生物也。

梁武帝謂喻藥曰：「喻氏無先賢，世言榆錢，非君子所宜，改姓喻。」謝曰：「當使喻姓始於臣。」按《姓苑》云：「喻氏出汝南。」《左傳》鄭公子渝彌爲周司徒，別族爲渝氏。漢景帝后名志，字阿渝，避之，改水爲口，曰喻。晉有喻歸，撰《西河記》十卷【二五】。

太祖用樊若冰策，造浮橋平江南，擢侍御，以若冰類弱兵，改名知古。徐節孝以父名

【二五】撰西河記十卷　「記」字原脱，據四庫本及《能改齋漫録》卷四補。

石，一生不用石器，遇石則避之。蜀士李知幾名石，乾道中守眉州，姓石者改爲右。教官命《書》題：「以予擊石拊石百獸率舞。」知幾曰：「君欲箠石，使畜輩笑耶？」韓子師名彦古，有同名者，通刺曰「石琢皮綳」。趙文昌名范，弟丞相葵，凡姓范者皆曰花，因此易姓者號花范，有屬官范癸者稱花癸。唐李鑾欲以女妻戎昱，令其改姓，昱謝以詩曰：「千金未必能移姓，一諾從來許殺身。」憲宗時，大臣議與北虜和親，上誦此詩，而問其姓名爲誰，蓋嘉其有守也。

伊川云：「枘鑿者，榫卯也。榫與卯圓則俱圓，方則俱方，若一方一圓，則不相入。」縱臾，音勇。言獎勸也，出西漢《衡山王傳》。陸沈出《莊子》，如無水而沈。太宗問孔承恭曰：「令文中既説賤避貴，少避長，輕避重矣，何必又言去避來？」對曰：「戒去來者互相避爾。」上曰：「憧憧往來，密如交蟻，安得一一相避，恐别有意義。」文豹謂此正教人避路遜畔之意，承恭之説是矣。嘉定乙亥，章宗卿良肱。以浙漕攝京尹，有士人爲販夫摘破裙裾，公曰：「輕盍避重，令夫拜之。」士人曰：「賤合避貴，必欲償背。」公曰：「背直幾錢？」曰：「元製十千。」公曰：「我償汝十千，汝還他八拜。」士人語塞而去。

《巽》卦爲近利市三倍。蓋市井乃商賈所聚，欲求利，須近利。故凡廛居者日與之交，耳習目熟，氣質轉移，子子孫孫，化爲浮薄，自是廛態；鄉居之人，雖似村野而質實重厚，顧廉恥，存信義，有古風味，孔子所以欲從野人之禮樂。杜詩云：「吾宗老孫子，質朴古人風。」惟野人、老人則古朴。

典禮之廢興，士大夫之責也。冠婚喪祭之儀，皆當素習，惟喪紀人以爲凶，多不講究，一旦大故，則苟且從俗。孔門惟曾子問之詳，子游習之熟。《禮記》一書，言喪禮者十四篇，雖曰雜出於漢儒，然漢去古未遠，遵而行之，尚庶幾焉。但禮家多不便於俗，古制多不宜於今。子思曰：「有其禮，有其財，無其時，君子弗行也。」伊川嘗修六禮，以家人戀河北舊俗，不能遽易。晦菴自居母喪，始參酌古今爲《家禮》，其後又各以俗禮損益之。故曰禮從宜，事從俗，因取温公禮書，擇其可以增益俗禮之未至者四事，係於後。一，俗以棺木厚而大爲美，不知厚則重，重則難以致遠，難以下壙，大則壙須寬，寬則易壞；又虛簷則占地步，而高足則下虛，不若四直樣爲利多。二，初喪之家，三日内哭聲不絶，然非人力所堪，聖人恐其傷生，故小斂後則使之更替哭；君喪則縣壺分時刻，以官高卑代哭，卿大夫士以親疎代哭，自非行禮時，但二三人哭亦可；若人少不足以代，則分十二時，每時一聚哭亦可。三，弔喪無不哭者，俗以無淚爲僞哭而恥之不哭，不知哭者所以盡弔喪之禮，助主人之哀；若知生而不知死，可以不哭，若親若故，安可不哭？今人弔婦女，若疎者則不哭，卻對孝子哭而慰之，於禮亦通，然俗以辰日不哭，凡喪者弔者皆忌之，甚可笑。四，古有含襚賵賻之禮，珠玉曰含，衣裳曰襚，車馬曰賵，貨財曰賻。今人送紙錢、紙繒諸僞物，焚爲灰燼，於生死俱無益，不若復古賻襚之禮，凡金帛錢物皆可，多少則隨力、隨人情厚薄，尺帛斗粟皆可。《記》曰：「不以靡没禮，不以菲廢禮。」苟弔喪雖哀，而無物以將之，亦君子所恥也。」然文豹猶有一見，今貴者官極品，富者財鉅萬，貧且賤者，何敢以貨財爲禮。故晦翁高弟黄勉齋，惟從事香燭而已。陳平家貧，邑大喪，平侍喪，以先往後罷爲助。喪固主乎哀，而繼之毁瘠，至於不勝喪，猶爲不孝也。《記》曰【二六】：「杖者何也？或曰檐主，或曰輔病。婦人童子不杖，不能病也。百官備，百物具，不言而事行者，扶而起；言而後事行者，杖而起；身自執事而後行者，面垢而已。」

越人趙東山希棼，淳祐庚戌丁父會稽郡王憂，其居喪有可紀者三，不避煞，不用僧道，不信陰陽。文豹因參稽前哲之言，推廣三者之説爲世鑒。避煞之説，不知出於何時。按唐太常博士吕才《百忌曆》載喪煞損害法，如巳日死者雄煞，四十七日回煞，十三四歲女雌煞，出南方第三家，殺白色男子或姓鄭、潘、孫、陳，至二十日及二十九日兩次回喪家。故世俗相承，至期必避之。然旅邸死者，即日出殯，煞回何處？京城乃傾家出避。東山曰：「安有執親之喪，欲全身遠害，而扃靈柩於空屋之下，又豈有人父而害其子者。」乃獨卧苫塊中，終夕帖然無事。而俗師又以人死日推算，如子日死，則損子午卯酉生人，犯之者入斂時雖孝子亦避。甚至婦女皆不敢向前，一切付之老嫗家僕，非但枕席磹扱不仔細，而金銀珠寶之類，皆爲所竊。《記》曰：「凡附於身者，必誠必信，勿使有悔焉耳。」蓋亡人所隨身者，惟柩中物耳，可不身臨之，此惟老成經歷，平時以此詔教其子弟，庶幾臨時不爲

【二六】記曰　四庫本「記」上有一「禮」字。

俗師所惑。

越滅吴，夫差自殺，使蔽其面曰：「吾無面見子胥。」注云：「今面幞覓。始於此。」

温公曰：「世俗信浮屠，以初死七日至七七日，百日、小祥、大祥，必作道場功德，則滅罪生天，否則入地獄，受剉燒舂磨之苦。夫死則形朽腐而神飄散，雖剉燒舂磨，又安得知？」李舟曰：「天堂無則已，有則賢人生；地獄無則已，有則小人入。今以父母死而禱佛，是以其親爲小人，爲罪人也。」伊川曰：「吾家治喪，不用浮屠。蓋道場鑼鈸，胡人樂也，天竺人見僧必飯之，因作此樂。今用之於喪家，可乎？」文豹謂外方道場，惟啟散時用鐃鈸，終夕諷唄講説，猶有懇切懺悔之意。今京城用瑜珈法事，惟只從事鼓鈸，震動驚撼，生人尚爲之頭疼腦裂，況亡靈乎！至其誦念，則時復數語，仍以梵語演爲歌調，如《降黄龍》等曲。至出殯之夕，則美少年長指爪之僧，出弄花鈸、花鼓槌，專爲悦婦人掠財物之計，見者常恨不能揮碎其首。此東山所以決意不用，而室人交讁，羣議沸騰，雖屹立不動，而負謗不少。余嘗舉似諸明達，是者十八九，獨一老師曰：「魯人獵較，孔子亦獵較。」注云：「較奪禽獸，時俗所尚，孔子從之者，爲祭祀也」。漢符融曰：「古之葬者，衣之以薪，惟妻子可以行志。自佛入中國以來，世俗相承，修設道場。今吾欲矯俗行志，施之妻子可也，施之父母，人不謂我以禮送終，而謂我薄於其親也。」温公至不信佛，而有十月齋僧、誦經、追薦祖考之訓。朱壽昌灼臂燃頂，刺血寫經，求得其母，公及韓、蘇諸公，歌詠其事。江西尚理學，臨川黄少卿犖卒，其子塏欲不用僧道，親族内外羣起而排之。遂從半今半古之説，祭享用葷食，追脩用緇黄。蓋孝子順孫，追慕誠切，號泣旻天，無所籲哀，雖俗禮夷教，猶屈意焉。余謂此又是一見，惟識者擇焉。温公曰：「《孝經》謂卜其宅兆者，卜其吉凶爾。非若陰陽家相風水形勢，擇年月日時，以爲子孫窮達、賢愚、壽夭，皆係於此，至使踰年不葬。」且術士以五行算人終身，則是禄命已定於初生矣，豈因葬地而改移。伊川曰：「卜葬之禮，蓋以定吉凶，決善惡爾。後代陰陽主者二十家，只如《堪輿經》，謂黄帝對天老有五姓之説，且是時只有姬、姜二三姓。其餘姓氏，皆出後代，或因生，或因邑，或因官。如管、蔡、成、霍、魯、衛、毛、耼、郜、雍、曹、滕、畢、原、酆、郇本皆姬姓，今若用祖姓，則《葬書》不載祖姓，用今姓，則皆後代所受，是吉凶隨時更變也。」按《禮經》葬逢日食，舍於道左，待明而行，是不可用昏黑也。而《葬書》乃用乾、亥二時，靈柩器其可暮夜行乎？文豹謂日者之説，其來尚矣，然古人占卜，止於蓍龜，後世始泥於小數，拘於禁忌，而雜以星殺。漢武帝會占家問何日可娶婦，五行家曰可，堪輿家曰不可，建陰家曰不吉，叢辰家曰大凶，天人家曰小吉，太乙家曰大吉，辨訟不決，以狀聞。制曰「可。避諸死忌，以五行爲主」。蓋五行生旺死絶，可以理推也。然吉凶禍福，自有定數，吉人舉事，不待選卜，自與福會，災禍將至，雖復拘忌，終不可逃。所以東山不之信。

明道宰晉城，申焚屍之禁。然今京城内外，物故者日以百計，若非火化，何所葬埋。

李觀，袁州人，省試賦落韻，主司愛其策，特旨登科，宰清江。歐公母喪經過，太守命觀作祭文，曰：「昔孟軻亞聖，母之教也。今有子如軻，雖死何憾，尚享！」守訝其簡，公擊節稱之。

《周禮》太師掌主謚，小史掌卿大夫謚【二七】。《史記》首敘《周公謚法》，衛析、朱鉏、北宫喜至生賜謚，而周、召、吕、畢乃無謚。京丞相謚文穆，其子以家諱改文忠【二八】。言者謂楊億謚曰文，欲加一忠字不可。自今議不當，以選舉不實論，其子孫欲改者，以違制論。道號以代名，如伊吕曰阿衡，曰太公，公孫衍曰犀首，公子疾曰樗里疾，范蠡曰陶朱公，其來尚矣。至唐以來，士人遂皆以號稱，雖道釋亦然。

晦菴挽周户侍嗣武云：「憶昔趨丹陛，看公上玉除。民饑深獻納，主聖極欷歔。解手寒江闊，驚心夜壑虚。朅來空老淚，無地别輀車。」注其後云：「某以浙東荒入奏，公適回自荆鄂，引對具奏民饑，及某渡江，即聞公訃。今兹會葬，偵伺失期，追送不及，故云。」此附注挽詩例也。

范文正公居母喪，上書言時政，南軒居父喪，奏疏言邊事。今有制中用啟事門狀，既曰言不文，豈堪作駢儷，既曰去官行服，即與無官同，只合用名刺。

女以行稱者，《既醉》詩曰：「釐以士女。」注云「女有士行」也。《漢·列女傳》摎次材行，《晉·列女傳》載循六行，班姬《女史箴》有《婦行》篇。然古今志婦人者，止曰碑曰

【二七】小史掌卿大夫謚　「小」原作「太」，據四庫本及《周禮》改。

【二八】其子以家諱改文忠　「改」原作「政」，據四庫本改。

誌，未嘗稱行狀。近有鄉人志其母曰行狀，不知何所據。余續集以銘婦人爲非，近見柳文有馬雷五者，子厚妓妾之姪女也，年十五死，子厚爲作墓志。馬淑，南康娼婦也，爲李氏歌姬，年二十四死，子厚爲銘其墓。孔子曰：「惟名與器，不可以假人。」今以銘而假妾婦，毋乃已甚。

民生於三，而事之如一，謂君親師也。《記》曰：「師無當於五服，五服不得不親。」又曰：「事師無犯無隱，左右就養無方，服勤至死，心喪三年。」孔子卒，門人若喪父而無服。揚雄卒，侯芭爲起墳，喪之三年。元城師温公，及公卒，去官行服，不就試。待制彭汝礪師倪天隱【二九】，及之官，迎置公宇，執弟子禮。及卒，無子，葬其三喪，嫁其女於同年進士宋渙。

康節病，伊川訪之，先生舉兩手示之曰：「眼前路逕令放寬，窄則自無著身處，如何使人行。」先生垂没，外面人言皆聽得。伊川曰：「此只是心無念慮不昏爾，釋氏知死生，只一箇不動心，燭理明自見之。」洞賓語沈東老曰：「死知所住，則神知所往。此古人第一最上極則處。公所鍾愛者，子偕也，治命時勿見之，謹勿興懷，恐失真性。」生死事固難言，眼前路逕放寬，此語可書諸紳。

謝師直爲江東運使，從明道借僕掘桑白皮，先生問：「何不使公卒？」曰：「桑白皮出土見日能殺人，伯淳使人則人不欺。」

【二九】待制彭汝礪師倪天隱 「彭」原作「趙」，「天」原作「夫」，據四庫本及《宋史》卷三四六《彭汝礪傳》改。

韓文公尊孟子，謂觀聖道必自孟子始。孟子距楊、墨，而公讀《墨子》，則謂孔子必用《墨子》，《墨子》必用孔子，不相用不足爲孔、墨。《送孟東野序》云：「凡物不得其平則鳴，草木無聲風撓之，金石無聲或擊之，人之歌也有思，其哭也有懷，皆鳴其不平者也。」文豹謂此説甚偉，然謂鳥之鳴春，雷之鳴夏，蟲之鳴秋，風之鳴冬，與夫禹、咎以文鳴，夔以韶鳴，伊尹鳴殷，周公鳴周，此乃天機之動，人文之正也，謂之不得其平則不可。《送石洪序》云：「有薦先生於河陽節度烏公曰：『先生冬一裘，夏一葛，朝夕飯一盂，蔬一盤。與之錢則辭，勸之仕則不應。』於是撰書詞，具馬幣，授使者而請焉。先生不告於妻子，不謀於朋友，拜受書禮，宵則沐浴戒行李，載書册問道所由。」文豹見林子山《隱居》詩云：「過門盡指朝郎宅，入室渾如野老家。」及《赴召》詩云：「尺書中夜至，清曉即揚鞭。」時謂子山三詔不起，猶之石洪也，前日勸之仕則不應，今日召之仕，則晝拜命，宵治載，曉問津。

政和四年，臣僚奏教官不得爲人撰書啟樂語之類，陳了翁分教潁昌，太守韓持國令作開宴樂語，辭曰：「師儒之官，不當作俳優之文。」公器之，薦於朝。寶慶戊子，余陪華亭張廣文益臣。分教蘄春，太守趙止泓以四月朔當貢苧布，令草進表，張偶疾作，余謂貢表可爲也，乃爲草之。首聯云：「南陸迎條，適届始絺之月；西淮底貢，庸修厥篚之儀。」郊恩制詞，惟邊臣者難。丁亥明禋，内相程懷古在經筵得疾，屬余代草，時青制中聞云：「内强吾圉，無甘泉烽火之虞；外靖彼疆，蔑泰畤鋒旗之禱。」又「聽圜丘之琴瑟，有懷志義之臣；覩大輅之旂常，慨想銘書之士」。洪平齋在維揚，草宴李文昌巡邊樂語云：「紅袖兩行，翻作吴宫美人之戰；清尊一曲，轉爲天山壯士之歌。」此皆關鎖格也。

張元與吴昊同走夏國，二名湊成元昊字。《黄帝陰符經》，唐太宗令長孫無忌寫五十本，高宗又令寫百二十本，近金華戴仁夫景魏。爲之注。余謂讀之百遍，不如誦一遍《繫辭》，看一遍《莊子》。

杜少陵《昭陵》詩：「文物今師古，朝廷半老儒。」蓋太宗年二十九即位，乃喜老儒，故爲盛德。今我皇上富於春秋，而執政大臣，無以黄耇，所以壽國脉者至矣。庚戌舉賜進士詩：「攄忠社稷惟名節，濟用邦家必器能。」真帝王謨訓，省殿二魁，雖有郤克、左丘明之疾，而文足蓋之。習鑿齒足蹇，苻堅聞其名，與釋道安輿而致焉，曰：「晉氏平吴，利在二陸。今平漢南，獲士僅一人有半。」

「晚行疎松間，遥見青煙處。羣牧下山遲，斜陽半芳樹。孤雲駕回飈，介水横不渡。傾意望幽人，待月同歸步。」此吾鄉沈庸齋詩，全類淵明，蓋自葉水心喜晚唐體，世遂靡然從之，凡典雅之詩，皆不合時聽。劉后村云：「始余厭之，欲息唐律，專造古體。趙南塘謂言意深淺，存人胸襟，不係體格，若氣象廣大，雖唐律不害爲黄鍾大吕，否則手操雲和，而驚飈駭電，猶隱隱絃撥間。」庸齋名説，字惟肖，由上庠登科，主貴溪簿一年，棄官去，再調天台教官纔終年，遂不仕。高横槎題其詩集云：「宦情薄於水，吟鬢早爲霜。」蓋實録也。

琴士以藥煮鸛羽代銀甲，屬令賦之：「嶧陽孤桐鳴素絲，玉爲軫兮金爲徽。四珍合就已奇絶，猶嫌指聲未清徹。負金翅管長且尖，翦成爪樣鸞膠粘。輕絃入手剩超越，卻笑彈箏後銀甲。要知妙處豈在聲，一撫一拍如淵明。勸君會此不須話，世不宜真只宜假。」

治湯火傷，辰砂末雞水清調敷，立效。

東坡云：「作詩必此詩，定知非詩人。」宋莒公詩：「漢皐佩解臨江失，金谷樓危到地香。」一似非落花詩。近來體格又別，不用事，不著相，而意在言外。吾鄉王雅林琮。與高横槎同寮，横槎爲處守【三〇】，雅林詩曰：「公向疎中元自密，我於熟處放教生。」言彼不忘舊，我不恃熟也。雅林，是齋先生夕郎孫也，宰清江，公車交薦，賈制置似道。舉詞云：「有學有政，不擾不欺。」任守棠云：「律己廉潔，持心公平。」趙帥希瀞。云：「平淡疏通，政清訟理。」吴漕使子良。云：「持己廉正，蒞事明敏。卻合歸私帑之例券，除倚辦鄉司之圭租。」尹漕使煥。云：「漢彭城令橋梁郵置不治，過者知其不能，本司近令諸處修葺驛路，獨清江知縣申，未準帖間，已剏立堠石；仍繳連到儀制墨本。部内惟清江之政，卓冠諸縣，設施不擾，和糴有方。」書司發陞陟，併發特薦奏狀。他如洪倉使、𧀲。姚憲使、希得。金守文剛。皆以廉平薦，只如接送人從，往回路費悉自支給，應祭祠宴會興造等悉從官買，不科鄉司吏。案此亦難事，向惟見葉子延年。主績溪簿如此，雖糊窗紙亦自買。張籍勸退之著書排佛老，公請待五六十，蓋恐年少望輕，人未信服也，士大夫之制行亦然。

【三〇】與高横槎同寮横槎爲處守　「同寮横槎」四字原脱，據四庫本補。

括蒼山水明秀，人物如之。淳祐己酉，郡守史貳卿宅之【三一】。夢處州出三魁。明年，趙順孫春秋魁南省，張元孫賦魁別頭【三二】，陳景行以書都魁監補。

近時詩學盛興，然難得全美，聊隨所見，摘録一二。趙東山《郵亭》詩：「風雨送迎地，別離多少人。」劉雲岫鑰。《喜晴》詩：「雲影猶帶溼，日光初漏明。」顧秋鶴夢日。《夜游》詩：「路轉歌聲杳，夜長衣露濃。美人行月下，秋水汎芙蓉。」其他平淡中有理趣，有警發，如趙竹所：崇滋。「事纔有意終須失，人到無求始自高。貧悟交游秋後葉，老看富貴霧中花。從來盡説天堪問，天到如今亦厭煩。」楊蘭坡：穎士。「儻來軒冕何須問，分定功名不在忙。」吾鄉余梅簷：洪道。「世上聲名無買處，人間官職有來時。須知凡卉空千萬，不似寒花只兩三。著心計較般般錯，退步思量事事寬。」余和之云：「脚根須愛虚中實，眼界當於窄處寬。」又蕭蘭臯曰復。《喜麥呈邑宰》：「民得食天全命脈，令從心地起根芽。」又朱梅居見謝人送苦菜，以京城所無：「物態卻從無處有，世情偏向苦中甜。」

余有三恨：一無子，二無助，三無成。抱兹苦心，娱以文字，既絶筆於斯録，復長吟以繫之。

可笑春蠶有許癡，年年辛苦爲他誰。恰如貧女飛梭了，挂體何曾有一絲。

天不奈何無可問，世皆如此有誰聽。爲儂指點春知處，惟有青楊眼獨青。

【三一】宅之　「宅」原作「宇」，據四庫本及《浙江通志》卷一五改。

【三二】張元孫賦魁別頭　「張」原作「孫」，據四庫本改。

范跋

是書余借之揚州守芝山，冗病相纏，委置几閣，亦且數月。夏五下旬，乃抽閑録之，四日而就。念余善忘，擲筆固不能一一憶也。辛亥歲甬東范欽識。

⊙俞文豹撰

清夜録

趙維國　整理

點校説明

《清夜録》一卷，俞文豹撰。俞文豹生平事蹟已見《吹劍録》點校説明。《清夜録》敘及淳祐十二年（一二五二），蓋成書於《吹劍録外集》後，是作者晚年著述。主要雜録遺聞逸事，對於宋代人物傳記研究應該有所裨益。

此書現存《顧氏明朝四十家小説》本、《景印元明善本叢書十種·歷代小史》本、《説郛》本，諸本内容近同。本次整理以《歷代小史》本爲底本，以《説郛》本參校。

東萊先生註《觀瀾文》，謂《後赤壁賦》結尾用韓文公《石鼎聯句叙》彌明意。文豹謂不然。蓋彌明真異人，文公真紀實也，與此不同。《金剛經》曰「一切有爲法，如夢幻泡影」，東坡先生貫通内典，深悟此理，嘗賦《西江月》云「休言萬事轉頭空」。未轉頭時，皆夢赤壁之游，樂則樂矣，轉眼之間，其樂安在？以是觀之，則我與二客、鶴與道士，皆一夢也。

王夕郎信掌制誥，孝宗覽之曰：「近日誥詞全似啓事，溢美太甚，卿甚得體。」文豹謂其弊始於用四六也。詞臣又欲因此結知，務諛悦而極工巧，拘平仄而捉對偶，無復體製。開慶元年，丁相大全當国，江、鄂二郡守創例，每一漁船日輸五千，漁人不堪命，遂渡北兵入寇鄂渚。八月起舊相吴履齋宅左揆，直院洪魯齋芹草麻制，中間云：「予方重宵衣之憂，汝不以晝錦爲樂。入趨延英之召，亟奉天章之咨。惟事務之孔殷，顧弊源之滋甚。邪不可以干正，而君子小人之限界未明；戎不可以亂華，而内夏外夷之名分未肅。士氣抑欝而弗振，民力殫弱而莫紓。在廷紐於意見之偏，在邊玩於守備之弛。當饋以歎，濟川其誰。遺大投艱，孰念數寧之計；任重致遠，實維弘毅之賢。」云云。「於戲！詩有《天保》《采薇》，當厲修政攘夷狄之志；道在《中庸》《大學》，尚明治国平天下之經。予欲祈永命，汝廸；予欲康庶事，汝爲。惟至忱足以感動神明，惟太公足以信服中外。緊我耆俊，母煩訓詞。」細觀此制，詞情懇到，句語坦明，不拘平仄對偶，真得制誥體。魯齋，乃容齋先生嫡派。然前輩四六多喜推故事，如先生草吴璘開淮渠奬諭云：「刻石立作三犀牛，重見離堆之利；渡波誰云兩黄鵠，詎煩鴻卻之謡。」蓋用杜詩《石犀行》、翟方進開陂事，事雖切，但非制誥體。看坡公制誥，用故事明白敷暢。

開慶元年冬，李松壽寇漣水軍，帥闔遣毛興將兵禦之。興有婿爲松壽用，以書來，欲且置此軍以靖邊，俟鄂寇平再取之，并餽銀二笏。興曰：「奉命出戰，而縱敵棄地，何辭以班師？」乃請益兵。會制帥趙節齋病，不報，興遂死之，而失此軍。尋雖再歸疆，而亦失一良將帥。

宣和七年，預借元宵，時有謔詞云：「太平無事，四邊寧靜狼烟眇。國泰民安，謾説堯舜禹湯好。萬民翹望彩都門，龍燈鳳燭相照，只聽得教坊雜劇歡笑。美人巧，寶籙宫前，呪水書符斷妖。更夢近，竹林深處勝蓬島。笙歌鬧，奈吾皇不待元宵景色來到，只恐後月陰晴未保。」淳祐三年，京尹趙節齋與竹預放元宵十二日十四日，諸巷陌橋道皆編竹，爲張燈之計。臣僚劄子引此詞末二句，爲次年五月五日金入寇之讖。十五日早晨遂盡拆去。

范文正公鎮錢塘，兵官皆被薦，獨巡檢蘇麟不見録。乃獻詩云：「近水樓臺先得月，向陽花木易爲春。」公即薦之。

太宗子元儼有盛名，號八大王。有人入蜀謁張忠定公，投參政書，公納之袖中，無語；次投丞相書，亦如前；及投八大王書，公曰：「真捩鼻日。」

曹翰貶汝州，有中使來，翰泣曰：「衆口食貧不能活。」以袱封故衣一包質十千。中使回奏之。太宗開視，乃一畫障，題曰《下江南圖》。惻然憐之，召還。

哲宗朝，謝悰試賢良方正，賜進士出身。悰辭免云：「勑命未敢抵授。」乃以抵爲衹，以授爲受。劉安世奏曰：「唐有伏獵侍郎，今有抵授賢良。」

詹義登科後，鮮嘲詩云：「讀盡詩書五六擔，老來方得一青衫。佳人問我年多少，五十年前二十三。」

温公一日過獨樂園，見創一廁屋，問守園者：「何從得錢？」對曰：「積遊賞者所得。」公曰：「何不留以自用？」對曰：「只相公不要錢？」

孔子問漆雕期曰：「子事臧文仲、武仲、孺子容，三大夫孰賢？」對曰：「臧氏家有守龜，名蔡。文仲三年爲一兆；武仲三年爲二兆，孺子容三年爲三兆。三人之賢不賢所未識。」子曰：「君子哉漆雕氏！言人之美也，隱而顯；言人之過也，微而審。」余每觀此言，未嘗不擊節歎服。蓋卜以決疑，不疑何卜？行己也正，捫心無慊，何以卜爲？三大夫皆所事，何敢以家臣而議主君之賢否？但觀其卜龜之繁簡，則賢否較然矣。

嘉定間，荆天文以課狀一軸投史衛王，當時亦不暇看。及羅日愿之變，夜在内書院沉思籌度，閑行過書架邊，信手挐一卷，及其課狀。開至後，則羅日愿及其黨姓名以至敗獲，至斷日分、地所歷歷，該説明白。呼來，見其藍縷，因問其家有何人？對曰：「有老妻及兩男一女。」遂以百千兩謝遣之。歸語其妻曰：「若再來唤我時，斷是一死後！」羅日愿平定後，再呼之至，則授以袱封一盒，戒曰：「到家方可開。」及開，乃官誥二道，省劄二紙，補二子充天文官，銀一笏，爲女兒嫁資。其夕，一中而殂。今靈臺郎同知筭造荆執禮是也。

豪傑之士所在有之，然豁達大度，必如漢高祖；英武大志，必如唐太宗，則能使之聞風作興。否則，雖楚有材，晉實用之，或反爲吾國之患。燕不能留樂毅，而毅爲趙用；魏不能用范雎，而雎爲秦用；晉不能致王猛，而猛爲苻堅用；後唐不能任韓延徽，而延徽爲契丹用。蓋必有非常之主，而後能用非常之人。駱賓王作復唐祚檄曰：「一抔之土未乾，六尺之孤安在？」武后覽之曰：「宰相之過也，安有如此材而使之流落不偶耶？」

慶曆間，華州士人張元昊累舉不中第，落魄不得志，負氣倜儻，有縱横材。嘗薄遊塞上【一】，觀覽山川，有經略西鄙意。雪詩云：「戰罷玉龍三百萬，敗鱗殘甲滿天飛。」又鷹詩：「有心待搦月中兔，更向白雲頭上飛。」欲謁韓、范二帥，耻自屈，乃刻詩石上，使人拽

【一】塞上　「上」，原作「止」，據《説郛》本改。

之市而笑。其後，二帥召見之，躊躇未用間，已走西夏，與曩霄謀抗朝廷，連兵十餘年。文豹聞秦檜當國時，有士人假其書謁揚州守，守覺其僞，以白金五百兩繳原書，管押其回。秦接見之，即補以官資。或問其故，曰：「有膽敢假檜書，若不以一官束縛之，則北奔胡、南走越矣。」觀秦此舉，加韓、范一等矣。淳祐十二年，朝廷以京學游士挑撻不純，盡行放逐，頗聞其間亦有張元其人，至心仁厚，意防弘深。開慶元年，各盡照舊例放之參供。夫學校所以養士，科舉所以取人，而豪傑之士則非二者所能牢籠，全在君相羅之於法度之外也。

淳祐十二年六月，武學列劄爲同舍求棺木。京尹余大監晦差都轄院長、伍作十四五人突入搜檢，揭帛裂衣，暴露兩日。齋衆同太學、宗學伏闕上書，不報，各捲堂散去。司業蔡久軒抗申朝廷，乞罷余大監以謝諸生，罷抗以謝京尹。余帥密表奏陳，隨往見執政。至通江橋，聞大諫葉大有、察院蕭秦來再有按章。即就出浙江亭，呼吏結案正財賦，出榜云：「當職蒙恩，權領京尹凡五閱月，一毫不敢妄支。今當丐去，就撥官會一百萬委陳府判照甲牌俵散，以表賑卹之意。」當日過江，司業亦出門。有旨勸諭諸生歸齋。文豹謂：汲黯開河南倉賑飢民，且伏矯制之罪。天府非外郡比，府庫皆天子之府庫，人民皆天子之人民，京尹特攝行其政令，小事則專達，大事則奏聞。雖蠲放僦金亦出於朝旨，況百萬賑濟乎？罪去復輒擅出官庫錢，出榜差官【二】，幾於無君矣。久軒家建寧，朱文公之高第

【二】出榜差官　「官」原作「宫」，據《説郛》本改。

西山先生元定之孫，九峯先生沉之子。淳祐間持憲浙東，帥幹項廷增挾去相游，克齋書求京削，誥以來春。俄而克齋卒，項亦無復季札掛劍之望。明年正月八爲大司成，首致克齋之奠，以此削白之而後發。寶祐丙辰，簽書樞密院事，數以議論不合，翩然高舉。

浯州紘渴王庭玉唐珪，初締葉氏姻，入太學後結婚。女微跛，而又承虚筐，公姑鋭欲出之。庭玉過庭祈請，謂婚姻前定，罪非七出，何敢爲此薄德事。越三年，登科，生三子，皆競爽。鄉曲高其行義，稱爲厚德之家。開慶元年九月，辟授天府帥機。

東坡先生嘗偶遇坐客，行一令，以兩卦名證一故事。一人云：「孟嘗門下三千客，大有同人。」一人云：「光武兵渡滹沱河，既濟未濟。」一人云：「劉寛婢羹污朝衣，家人、小過。」先生云：「牛僧孺父子犯罪，先斬小畜，後斬大畜。」蓋爲荆公父子發也。

胡文定公安國言：自古盛王雖用文德，必有親兵專掌宿衛。成王即政，周公損虎賁，與常伯同戒於王，欲其知恤。虎賁者，猶侍衛親兵也。康王初立大保，俾齊侯吕伋以虎賁百人逆於廟門。吕伋者，太公望之子也。自諸侯入典親兵，猶今殿步馬軍都帥也，勳德世臣總司禁旅虎賁衛王宿，衛王宫，其爲國家慮深矣。宋朝法前代，命三衛分掌親兵，正爲强本弱支，消患預防之計。文豹見朝廷自淳祐中邊遞稍稀，不爲遠慮，軍政日弛，兵額日虧，殿、步戎旅稀踈已甚。及寶祐以來，北兵寇蜀，又未免定内事外，至調閩、浙諸郡兵，而每郡率不過三五百人而已。今春姚給事希得附奏云：「朝廷近調江淮一萬三千人赴上流，僅取都吏姓名，曾未有即日就道者。軍將稀留，在所必誅也，而朝廷乃倥偬他務，視此爲萬事中之一事，若有若無，且作且止。是必待閉城門而後開言路，見胡騎而後括金銀也。竊怪今日合三衛與東南之兵，猶調遣不應，蜀之見兵僅八千人，虜入動數萬，其何以支。若以招兵易，養兵難，臣則有傾國力一策。范鎮曰：欲備雲南，莫若寬兩河之民。今朝廷若只欲取辦於諸閫，諸閫又不過取辦於民，民力竭矣。臣謂今牙契一局及江水分司，歲可得三千六百餘萬，即可養六萬兵；歲幣銀絹歲二十萬匹兩，本以和虜，今既不用，即可養一萬兵；内帑六設，本以備邊，金帛充斥【三】，歲絹二十萬即可養一萬兵。不知朝廷吝此何爲？商亡而鹿臺在，秦亡而敖倉在，漢亡而西園在，隋亡而洛口在，適足爲寇資爾！」文豹謂：上在位日久，明習國家事，條戎備預，切非所吝。皆當國者無遠略，故玩安忽遠，苟且歲月耳！開慶初元，鄂廣繹騷，稟佐軍需犒將士、資帥閫，銀楮動百千萬計。以至省賦斂，蠲逋負，釋禁錮，弛繫囚，出宫嬪，收游士，皆出聖意也。

范文正公欲求退，子弟請治屋宅園圃。公曰：「吾死無幾，何暇爲此？西都園林相望，孰障吾遊，豈必有諸己乃爲樂乎？有俸賜且賙宗族。」及歸姑蘇日，有絹三千匹，盡散與閭里親族朋舊，曰：「親族鄉里見我生長，幼學壯行，爲我助喜，何以報之？祖宗積德百餘年，始發於我。今族衆皆祖宗子孫，我豈可獨享富貴？」乃置田數千畝爲義莊，贍

【三】金帛充斥　「斥」原作「斤」，據《説郛》本改。

貧族。公子忠宣公純仁爲相，四世孫成大又參大政。至今范爲吴門名族。今士大夫於親族，發一書、判一狀猶靳焉，又況莊乎？然以忠宣公之盛德，晚乃喪明，常令其甥司馬朴扶行。斯人也而有斯疾也。

靖康元年冬，都城受圍四十餘日，易子而食，有以子肥瘦不等而爭訟者，富人貴戚，以雀鼠貓犬爲佳味相送惠。正月初五日方開門，徽宗在蘂珠宫早膳，李石、周訥、吴幵、莫儔入言：「金人請上出郊議事便回，皇帝請爺爺娘娘速來。」上曰：「軍前莫有變否？朕平日以爵位優卿等，今日勿謂小利所誘。」中書舍人姜堯臣曰：「去則不得回矣。」石曰：「若信堯臣言，必誤大事。」堯臣以笏擊石額，流血仆地。俄有禁卒報：「皇后已在南薰門倚候。」上皇曰：「我去留未決，何故皇后先出？」后曰：「昨日李石傳聖旨。」堯臣曰：「陛下不信臣言，李石是賊，暗受金人官爵，賣國利己。」上曰：「若以我爲質，得官家回保祖宗社稷，亦無恨矣！」乃行至南薰門。番使催行，上曰：「事果變矣！」堯臣曰：「果爲李石所賣。」番使以骨朵敲其口仆地。上曰：「勿殺吾忠臣。」四太子求王婉容爲黏罕子婦，婉容自刎死。高宗自真定府逃回，單騎至邢州李固渡，馬斃，冒雨行。一日，投宿楊媪草舍。媪長子若水上書乞「勿廢皇帝」，被四太子埋土中亂箭射殺。三人姓名不見於史傳，而見於曹勛《北狩録》，故表而出之。

漢制：卿駟馬右騑，故有五馬。《東方朔傳》：太守駟馬駕車，一馬行春。衛宏《輿服志》：諸侯駟馬，駙以一馬。《南史》：柳元策兄弟亦五人，並爲太守。時人語曰：「柳氏門庭，五馬逶迤。」謝靈運爲永嘉太守，以五馬自隨，立五馬亭。

◉俞　成撰

螢雪叢説

李偉國　孫　鶯　整理

點校説明

《螢雪叢説》二卷，俞成撰。俞成字元德，東陽(今屬浙江)人，自序云：「慶元庚申(一二〇〇年)八月望日漫録。」可知其人生活於孝宗、光宗、寧宗時。又云：「余自四十以後便不出應舉。」可見其人不仕，無功名。

此書内容雜考史傳，編次亦無一定規律。《四庫提要》認爲「其書多言揣摩科舉之學，而諄諄於假對之法以爲工巧，論皆迂鄙」。但作爲考見宋人讀書、行事、言談之概貌，還是有一定價值的。

《宋史・藝文志》著録此書，但未見單行本行世，多收於叢書中。今有《儒學警悟》本、《百川學海》本(咸淳本、景刊咸淳本、弘治本)、《續百川學海》本、《稗海》本(萬曆本、康熙重編補刊本、乾隆修補重訂本)、《説郛》本(宛委山堂本、商務印書館本)、《金華叢書》本(同治光緒本、民國補刊本)等。最早收在叢書之祖《儒學警悟》中，繆荃孫根據俞成《螢雪叢説》的跋語認爲此「開後人以己撰編入叢書之例」。因此《螢雪叢説》之《儒學警悟》本應該更接近俞氏著述的原貌。此次整理，以中華書局二〇〇〇年影印繆荃孫校訂之《儒學警悟》本爲底本，校以《百川學海》本、《稗海》本、《金華叢書》本。由《草堂詩話》輯得佚文一則，附於卷末。

自序

余自四十以後，便不出應舉，人笑其無能爲也。是則然矣。然而早能知退，又有人之所不能爲焉。以己之無能爲而能爲人之所不能爲，此非其所長矣乎！蓋「四十而不惑」，「四十五十而無聞焉，斯亦不足畏也已」，夫子嘗有是言也。幼誦夫子之言，力行夫子之訓，既而不惑，抑之無聞，宜乎退縮一頭地而莫之爲也。自此功名灰念，加以拙於謀利，時復優游黄卷，考究討論，付之書記，囊螢映雪，無所不爲。塵積日久，遂成一編，目曰《螢雪叢説》，賓其實也。雖然，囊螢映雪豈能照耀方册也哉？於以見其學之篤而志之鋭也。此史臣所以美其勤勤若是，姑欲激昂後進云爾。則知今之叢是説者，其亦車胤、孫康之意歟！慶元庚申八月望日東陽俞成元德漫録。

校勘記

卷上

致字説

先儒解「致」字，往往不盡。如「致中和，天地位焉」，鄭康成云：「致，行之至也。」「致樂以治心」，云：「致，深審也。」《周易略例》「主心致一也」，孔穎達云：「致，猶歸也。」《禮器》「禮也者，物之致也」，鄭云：「致之言至也，極也。」其他諸經，往往指爲極盡之意。如「喪致乎哀而止」、「見危致命」、「君子以致命遂志」與「病則致其憂」之類是也。此皆意有未盡。蓋致有盡之意，有取與納之意。如「喪致乎哀而止」、「見危致命」，謂之極盡可也。如「致中和」、「致知」之類，則又有取之意焉。「吾聞致師者」，亦有取之意也。「用致夫人」，凡《春秋》以某事致，「七十而致仕」、「致爲臣而歸」，則又有納之意與盡之意。凡此，皆難以一字通解也。今人謂「招致」者，亦有取意也。

穀字説

《檀弓》「齊穀王姬之喪」，當爲告，古毒反，聲之誤也。告下告上之辭，故誤爲穀。

「父母之喪哭無時，使必知其反也」，「知」當爲「如」字之誤也。言父母之喪號哭，思慕如欲父母復反。

忍字説

忍之名一也而用不同。「必有忍其乃有濟」，「小不忍則亂大謀」，此皆聖賢之所謂忍。忍於不善也，所謂吉德也。而世俗之所謂忍，如「猜忍」、「剛忍」之類，乃是忍於善而就不善也，所謂凶德也。王導不忍美人之勸酒，恐爲見殺，則强爲之飲，此則不忍也，正所謂忍於不善而就善也，非吉德而何？王敦之不顧美人之死而不爲之飲，此世俗之所謂忍，忍於善而就不善也，非凶德而何？天之報施，必以其類，觀王導、王敦之後興衰禍福，蓋可見矣。然則不忍者，正人之本心，孟子所謂「人皆有不忍人之心」是也。而世俗之所謂忍者，殘義害善之本，殺身覆族之由也。項羽不忍，雖不能成事，要之良心猶在；伍子胥爲人剛戾忍詬，雖能成事，然良心喪失盡矣。子家子曰【一】：「一慚之不忍，而終身慚乎！」王導能忍事，此皆忍於不善以就善之謂。嘗觀唐張公藝九世同居，家無異議，人問其故，公藝即書忍字以對，亦鑒王導、王敦之得失也。

【一】子家子曰　「家」，原作「俞」，據《百川學海》本改。語見《左傳》卷四五。

聲律對偶假借用字

「天子居丹扆，廷臣獻六箴」，此省題詩也。「白髮不愁身外事，六幺但聽醉中詞」，此律詩也。二公之所以對者，見之於詩，無非借數而已。《周以宗强賦》「故蒼籙之興起，始諸姬而阜康」，《東門種瓜詩》「青門無外事，尺地足生涯」。二公之所以對者，見於賦、詩，無非借數與器而已。《詩史》以「皇卷」對「紫宸」，《曲詞》以「清風」對「紅雨」，或以「青州從事」對「烏有先生」，或以「披綿黄雀」對「通印子魚」；「因朱耶之板蕩，致赤子之流離」，「談笑有鴻儒，往來無白丁」。皆老於文學而見於駢四儷六之間者，自然假借使得好，不知膾炙幾千萬口也。嘗記陳季陸應行先生舉以作賦之法，用「高皇」對「小白」。

詩題用全句對

省題詩，考官以古人詩句命題，尾字屬平，全押在第二韻上，不拆破者並用全句對全句。曩嘗省試「王度日清夷」詩，許琮以「聖圖天廣大」爲對，並是老杜全句，最爲難得，曠古以來無此作。又如上庠孫應時作「奏賦入明光」，出杜甫《壯遊》，對韓文公《齪齪詩》「排雲叫閶闔」，亦自難得，惜乎非一家詩也。若無渾然天成之句，不免拆破四柱中使，只要穩貼下得好，不拘倒置先後，更於點化上著工夫，亦自可以冠場。余嘗欲以杜詩「扈聖登黄閣」《奉贈嚴八閣老》對「亨衢照紫泥」《奉贈太常卿》。以「泥融飛燕子」對「地僻舞鶤雞」。並絶句。蓋傚許公詩體也。又欲以「獻納紆皇眷」《奉贈鮮于京兆二十韻》聯「衣冠拜紫宸」之句《太歲日詩》，蓋傚前輩對詩格也，當有流水高山之遇。

記史法

歷事幾主，任幾官；有何建立，有何獻明；何長可録，何短可戒；傳中有何佳對。舊出史賦，如《張良傳》用「赤松子」對「黄石公」。此賈挺才先生記史法也。

解書訣

辭之内不可減，減之則爲鑿，鑿則失本意。辭之外不可增，增之則爲贅，贅則壞本意。此王虚中先生解書訣也。

歌頌

盧仝《茶歌》：「至尊之餘合王公，何事便到山人家。」上不忘君也。「安知百萬億蒼生，命墮顛崖受辛苦。」下不忘民也。此乃盡臣子敬上念下之意也。元結《中興頌》「前代帝王有盛德大業者，必見於歌頌」，若今歌頌大業，便不言德。此乃得《春秋》一字褒貶之意也。夫以歌頌之作，不專爲稱美設也，多寄意於譏諷。一則有愛君之誠，一則有貶上之意。二者雖若相反，而於措辭立言各有所主，不得不然。

祝壽

吴叔經先生《代人上黄耕叟太夫人壽》，乃三月十四日生也。其詩曰：「天邊將滿一輪月，世上還鍾百歲人。」有一識者議論「將滿一輪」之句，若是十三日亦使得，不若削云【二】「猶欠一分」，便見得直是十四日也。嘗見樂人聖節致語，闢初便使老子「長上古而不老」對董仲舒「歷萬世以亡弊」，固已云好。然而「不老」二字乃是語忌，豈若詩人之婉其辭云「永錫難老」，多少委曲和緩。如曰「天子萬年」，如曰「如南山之壽」，如曰「俾爾壽而臧」，皆曲盡祝壽之意也。封人祝堯能如許乎？

【二】削云　宋孫奕《履齋示兒編》卷一〇、元祝誠《蓮塘詩話》卷下等記同一事，無「削」字。

祭文

前輩嘗説北狄《致祭皇后文》，楊大年捧讀，空紙無一字。隨自撰曰：「惟靈巫山一朶雲，閬苑一團雪，桃源一枝花，秋空一輪月。豈期雲散，雪消，花殘，月缺。伏惟尚饗！」仁廟大喜其才敏捷，有壯國體。洪忠宣公自嶺外徙宜春，没於保昌，張子韶致祭，其文但云：「維某年月日，具官某謹以清酌之奠，昭告於某官之靈。嗚呼哀哉，伏惟尚饗！」景盧深美其情哀愴，乃過於詞。二者體製大概相類，要之詞意渾含，言語脱俗，此誠倉卒之所難也！

四凶辨

人皆知渾敦、窮奇、檮杌、饕餮爲四凶，而不知所以謂之四凶者果何意耶。蓋當舜之時，見其罪惡如此，而例以兇徒目之，譬猶獸也。正如今之駡人畜生、禽獸。據《山海經》載：渾敦、窮奇、檮杌、饕餮皆獸名也。杜預解經不知出此，妄以義理釋之，無怪他人之不識也。

賦假人名體狀題意

往年俞文緯監試，預薦赴省相過，因話賦假人名，善體狀題意者，莫若《武爲救世砭劑》云：「唐室中興，賴藥師而克濟；漢家外患，藉去病以皆除。」余嘗賦《化下猶甄者》，欲以陶唐堯舜爲一聯，使「於變時雍，猶埏已埴。風動四方，器不苦窳」事也。曾與舍弟碩夫邁昆仲儕輩較量，莫不領略此説。

賦善使事

昔有士人在場屋間，賦《帝王之道出萬全》，絶無故實。遂問一老先生，答云：「只有『一舉空朔庭，三箭定天山』好使，要在人斡旋爾。」或謂此事乃人臣，非帝王也，不可用，疑誑之。後於程文中見一舉人使得最妙，其説題目甚透。有曰：「一舉朔庭空，竇憲受成於漢室；三箭天山定，薛侯稟命於唐宗。」真所謂九轉丹砂，點鐵成金者也。

韻學

《涵泳聖涯詩》蓋出《唐史》文藝叙傳也，三字皆仄，一字是平，不免以涯字爲押。然涯之一字而見於三韻：五支，魚奇反；十三佳，宜佳反；九麻，牛加反。謹按《韻略》及《廣韻》注，皆云：「水際、水畔。」紬繹其義，通庸可押。嘗問東萊先生，渠亦經義人也，初未領略，容檢詳如何。後於錢塘見陳給事先生傅良，仍以涯字三韻通用扣之，即可而已。因謂省題詩如小經義，雖無多字，亦是難事。至如誤出早鶯之目，錯認黄華之意，可勝哂哉！

詩隨景物下語

杜詩「丹霞一縷輕」，《漁父詞》「藕縷一鉤輕」，胡少汲詩「隨隄煙雨一帆輕」。至若騷人，於漁父則曰「一簑煙雨」，於農夫則曰「一犂春雨」，於舟子則曰「一篙春水」，皆曲盡形容之妙也！

詩人警句

同舍李循道舉他《秋景》一聯曰：「池藕影疏龜甲冷，井梧雕薄鳳毛寒。」又張一之舉黄元夫詩曰：「葦村風下鴉千點，麥隴天垂月一梳。」皆警句也。

史臣不載人臣實事

《前漢·蕭何傳》不言律令。《新唐書·李邕傳》無一字及筆札。《五代史·劉昫傳》不書領修《唐史》。

功臣特進朝請

光武功臣所加特進、朝請，或者謂其官爵止乎如是而已。殊不知春見曰「朝」，秋見曰「請」，示欲疏也。蓋光武慮諸將功大權重，有以脅勢而或變生肘腋，乃所心遠之故也。

試畫工形容詩題

徽宗政和中，建設畫學，用太學法補試四方畫工，以古人詩句命題，不知掄選幾許人也。嘗試「竹鎖橋邊賣酒家」，人皆可以形容，無不向「酒家」上著工夫。惟一善畫，但於橋頭竹外挂一酒帘，書「酒」字而已，便見得酒家在竹内也。又試「踏花歸去馬蹄香」，不可得而形容，何以見得親切。有一名畫，克盡其妙，但掃數蝴蝶飛逐馬後而已，便表得「馬蹄香」出也。果皆中魁選。夫以畫學之取人，取其意思超拔者爲上，亦猶科舉之取士，取其文才角出者爲優。二者之試，雖下筆有所不同，而於得失之際，只較智與不智而已。

陳同甫議論作文之法

嘗見陳同甫亮在太學中議論作文之法：經句不全兩；史句不全三；不用古人句，只用古人意；若用古人語，不用古人句；能造古人所不到處。至於使事而不爲事使，或似使事而不使事，或似不使事而使事，皆是使他事來影帶出題意，非直使本事也。若夫布置開闔，首尾該貫，曲折關鍵，意思常新。若方若圓，若長若短。斷自有成摹，不可隨他規矩尺寸走也。苟自得作文三昧，又非常法所能盡也。

文章活法

文章一技，要自有活法。若膠古人之陳迹而不能點化其句語，此乃謂之死法。死法專祖蹈襲，則不能生於吾言之外。活法奪胎換骨，則不能斃於吾言之内。斃吾言者，故爲死法；生吾言者，故爲活法。伊川先生嘗説《中庸》「鳶飛戾天」，須知天上更有天；「魚躍于淵」，須知淵中更有地，會得這个道理，便活潑潑地。吴處厚嘗作《剪刀賦》，第五格對「去爪爲犧，救湯王之旱歲；斷鬚燒藥，活唐帝之功臣」。當時屢竄易「唐帝」上一字不妥帖，因看游鱗，頓悟「活」字，不覺手舞足蹈。吕居仁嘗序《江西宗派詩》，若言：「靈均自得之，忽然有入，然後惟意所在，萬變不窮，是名活法。」楊萬里又從而序之，若曰：「學者屬文，當悟活法。所謂活法者，要當優游厭飫，是皆有得於活法也，如此。」吁！有胸中之活法，蒙於伊川之説得之；有紙上之活法，蒙於處厚、居仁、萬里之説得之。

注題目出處

印書箋題，本爲晚學設也，不爲無益。然而所試詩賦題目，或出經史、傳記、注疏、文集、諸子百家，難以遍知，今乃揭示本文，其法亦善矣。唐時試題，不具出處，如《孤竹管賦》，滿場不知出《周禮》，甚可笑也。彼有經義，亦效箋題，果何爲也？矧治經人所業專一，若不識出處，謬妄之甚，兹固所當略也，主文已當缺然。

文字節要

今之節書，甚亡謂也。非惟增入注解，又且攙入他説，不勝其繁。初不較其簡要緊切爲如何，使人易於檢閲。若用泛泛如此，何似觀正本也。前輩節書並用，首尾該貫。第一節其緊要，第二節其好句，第三節其故實，繁辭盡削，所以便於燈窗場屋之用爾。如舊本司馬温公親節《通鑑》，可觀可法。

以論語法言章句戲有官君子

嘗見有官君子，皆以舉削爲慮，晦庵先生嘗以《法言》章句戲之，曰：「勢援上也，文章次也，政事又其次也，咸無焉，爲選人。」其人大笑。又見浙中官員子弟謁趙守，問及晦翁學術、政事孰優。守乃以《魯論》篇章答之：「學而第一，爲政第二。」可謂善品題矣。二者之言雖曰戲謔，亦可助一時之談笑。

夢見主盟道學

余文起主泮湘潭，嘗宿嶽麓書院。夢見朱晦翁與張南軒同在郡庠，作意主盟道學。忽伊川、横渠先生從外來，云：「政不須如此，這道理嘗使得，何恤乎人言？」須臾，聞東廊有人誦《中庸》、《大學》二篇，覺來雞唱，遥想二公衞道，如此之切。

不責酒過

武夷有一狂者，爛醉，詈及屏山先生劉彦沖。次日，脩書謝罪。先生不責其過，但於紙尾復之云：「蛇本無影，弓誤摇之。影既無之，公又何疑。白首如新，傾蓋如故。」真達者之詞也。

不怪炎涼

人之一身，已自有輕重。足履穢惡則不甚介意，若手一沾汙，浣濯無已，豈可怪世情之炎涼也哉！舊有《題湯泉》者最爲該理，如云：「比鄰三井在山崗，二井冰寒一井湯。造化無私猶冷暖，爭教人世不炎涼。」

矢魚于棠

辛酉秋，因如鄱陽，閲三十六家《春秋》解。若注「矢魚于棠」，雖累數説不透，皆以矢爲觀，非也。使其以矢爲觀，當時何不直書其事而乃云若是？蓋有深意存焉。余嘗謂：矢者，射也。正《周禮》所謂「矢其魚鼈而食之」是也。推而上之，若「皋陶矢厥謨」，亦射義也。釋《書》者類訓直，又非。「周道如砥，其直如矢」，乃詩人比喻之辭，故可以云直。若《書》之「矢謨」，《春秋》之「矢魚」，皆出於任意而爲之，故可以云射。自《皋陶》有「矢謨」之説，而後董仲舒有「射策」之文，君子於此可以意推，不可以例觀也。

溺於陰陽

陳季陸嘗挽劉韜仲諸公同往武夷訪晦翁朱先生。偶張體仁與焉，會宴之次，朱張忘形交談風水，曰：如是而爲笏山，如是而爲靴山，稱賞蔡季通無已。季陸遂難云：「蔡丈不知是世代攻於陰陽，方始學此。」晦翁又從而褒譽之：「乃祖、乃父，明於龍脈，季通尤精。」季陸復辨之曰：「據某所見，嘗反此説。若儒者世家故能成效，若日者世家便不足取信於人。何者？公卿宰相皆自其門而出，他人何望焉！」周居晦應聲曰：「他家也出官，出巡官陳嘗。譬如燒金鍊銀之術，父可傳之於子，子可傳之於孫，孫何必教外人？古者人皇氏世人有九頭，已無定形。未有百官，已有許多山了，不知何者爲笏山，何者爲靴山。」坐客皆笑，晦翁摇指向季陸道：「此説不可與蔡丈知。」僕親聞是語，故紀之，以爲溺於陰陽者之戒。

人之小名

今人生子，妄自尊大，多取文武富貴四字爲名。不以希顔爲名，則以望回爲名；不以次韓爲名，則以齊愈爲名。甚可笑也！古者命名多自貶損，或曰愚、曰魯，或曰拙、曰賤，皆取謙抑之義也。如司馬氏幼字犬子，至有慕名野狗，何嘗擇稱呼之美哉！嘗觀《進士同年録》，江南人習尚機巧，故其小名多是好字，足見自高之心；江北人大體任真，故其小名多非佳字，足見自貶之意。若夫雁塔之題，當先正名，垂於不朽。

事要有分

一切之事皆要有分，若是無分而欲極力强求，徒然而已。王虚中先生：譬如筵席安排十分，已飲過數巡，忽有親朋訪及，雖欲挽之同坐，奈酒闌歌罷，不可得而相陪。此乃謂之無分。大凡功名、富貴、貧賤、休戚，皆是五行帶來，無非分定，何可歎息怨恨於斯耶？不然晦翁先生何爲有「隨縁安分」四字也。

得失有時

人之得失，各自有時。初不知其所以然而然也。有朋友於試罷之後聞望不著，遂欲捨書學劍，無所不至。龍舒王先生舉示一絶曰：「得則忻忻失則悲，桃紅李白各隨時。雖然屬在東君手，問著東君也不知。」

校勘記

卷下

忠恕違道不遠

曾子曰：「夫子之道，忠恕而已矣。」《中庸》曰：「忠恕違道不遠。」學者疑爲不同。伊川云：「《中庸》恐人不喻，乃指而示之近。」又云：「忠恕固可以貫道，子思恐人難曉，故降一等言之。」又云：「《中庸》以曾子之言雖是如此，又恐人尚疑忠恕未可便爲道，故曰『違道不遠』。」游定夫云：「道一而已，豈參彼此所能豫哉，此忠恕所以違道，爲其未能一以貫之也。雖然，欲求入道者莫近於此。此所以違道不遠也。」楊中立云：「忠恕固未足以盡道，然而違道不遠矣。」侯師聖云：「子思之忠恕，施諸己而不願，亦勿施於人。此已是違道。若聖人則不待施諸己而不願，然後勿施於人也。」諸公之説大抵不同。予竊以爲道不可名言，既麗於忠恕之名，則爲有迹，故曰「違道」。然非「忠恕」二字亦無可以明道者，故曰「不遠」，非謂其未足以盡道也。違者，違去之謂，非違畔之謂。老子曰「上善若水」，水善利萬物而不爭，處衆人之所惡，故幾於道。蘇子由解云：「道無所不在，無所不利，而水亦然。然而既已麗於形，則於道有間矣，故曰『幾於道』。然而可名之善，未有若此者，故曰『上善』。」其説與此略同。

克己復體天下歸仁

或問安定先生胡侍郎，何謂「克己復禮，天下歸仁」？胡舉邵堯夫詩以答之，云：「門前路徑無令窄，路徑窄時無過客。過客無時路徑荒，人間滿地生荆棘。」其人默悟。

聖人之於天道

陳洪範問艾軒先生林祭酒：「聖人之於天道如何？」答云：「恰是恁地未悟間。」復問魏聘君國録，答云：「正如京師人賣牀貼，恰用得著。」觀此二説，其意則一。

學易無大過

聖人之處事與常人不同。常人之處事多有不及，惟聖人之處事不患不及，袛恐太過。夫子稱「加我數年，五十而學《易》，可以無大過」者，蓋欲勉進中年而學洗心退藏之書，則處事得中，斷無不及之患。今不曰「無不及」而特曰「可以無大過」者，此聖人謙抑之辭也。《中庸》曰：「有所不足，不敢不勉。有餘，不敢盡。」寧非君子之《中庸》乎？嘗觀夫子於《三百篇》之詩而斷以「思無邪」之一言，此見夫子得《詩》之中也。於《易》則曰「無過」，於《詩》則曰「無邪」，是皆一意。

解書

洪内翰景盧主泮三山，以林少潁爲《書》學論，講「帝釐下土」數語，曰：「知之爲知之，《堯典》、《舜典》之所以可言也；不知爲不知，《九共》、《槀飫》略之可也。」惜乎林書不載此説，予故表而出之。嘗見王虚中談及林少潁、吕伯恭講究《書》學，皆有所得，各有所見。學者當詳覆。其爲訓，若前人解《書》，言：「宥過無大，刑故無小。」乃謂赦宥其過誤者，雖大亦宥之；刑責及特故者，雖小亦刑之。如此則於辭上脱無字，添雖字矣，是其辭已不明也。若失火而延及官庫，此過誤也，此大者也，豈可宥乎？若馳馬而蹂死小兒，此過誤也，此大者也，豈可宥乎？是其理已不安矣！若命人守果實，拈以小果食之，此故也，此小者也，亦將刑乎？若命人守舍，而窗穴之小竅以窺其外，此故也，此小者也，亦將刑乎？是其理已不安矣！則若商鞅之法棄灰於道者有誅，豈聖人之法哉？若曰：「宥過誤則無大者，謂小者則宥，大者則不宥，所以使人警畏，非敢懈怠也。」若曰：「刑特故則無小者，謂稍大則刑，小者則不刑，所以示吾寬德，非爲苛細也。」宥過無大，是以見聖人之義；刑故無小，是以見聖人之仁。是説蓋得於伯氏俞君從夢達，平時有得於《書》學者如此。

解《孟子》

陳季陸常推賈挺才好。先生非惟筆力過人，又且講授不雷同，且如說《孟子》，引得杜詩爲證，極是明白。若解「文王爲臺爲沼而民歡樂之」，正是「丈人屋上烏，人好烏亦好」；桀紂瑤臺瓊室，正是「君看牆頭桃樹花，盡是行人眼中血」。夫以烏鳥本是可惡之物而反喜之，桃花本是可喜之物而反惡之，是何也？蓋由人情所感而然爾，靈臺瑤臺亦莫不然。

東萊教學者作文之法

東萊先生吕伯恭嘗教學者作文之法：先看精騎，次看《春秋》權衡，自然筆力雄健，格致老成，每每出人一頭地。

徐積悟作文之法

節孝先生徐積因讀《史記·貨殖傳》，見「人棄我取，人取我與」，遂悟作文之法。

辨《滕王閣序》「落霞」之説

王勃作《滕王閣序》，中間有「落霞與孤鶩齊飛，秋水共長天一色」之句，世率以爲警聯。然而「落霞」者乃飛蛾也，却非雲霞之霞。土人呼爲「霞蛾」，至若鶩者，乃野鴨也。野鴨飛逐蛾蟲而欲食之故也。所以齊飛，若雲霞則不能飛也。見吴獬《事始》。

評論詞賦破題

嘗見俞馮老叔叙，舉似外公暨中大陶，《天之曆數在舜躬賦》，破題云：「神聖相授，天人會同。何謳歌不之堯子，蓋曆數在於舜躬。」又見陳季陸先生談及陳元裕嘗主文衡，出《大椿八千歲爲春秋賦》，滿場破題皆閣筆焉，遂自作云：「物數有極，椿齡獨長。以歲歷八千之久，成《春秋》二序之常。」又見蔡曼卿稱賞上舍熊元用節十四歲作《君人成天地之化賦》【三】，破云：「物産於地，形鍾自天。賴君人之有作，成化功之未全。」三賦四柱皆出人意表，真所謂作賦手也。嘗聞張從道鳳先生論文，有及向之省試，賦題出《天子聽朔於南門之外》，滿場皆曰：「詣南門而聽焉。」惟魁者以「詣」爲「出」，便見得在外意也。當時父子同試，尚留隱情，及至揭榜，方知父魁子亞。問何不見誨，父曰不解有兩魁也。東坡謂「賦以一字見工拙」，即此可知。

【三】又見蔡曼卿稱賞上舍熊元用節十四歲作君人成天地之化賦　「熊」下原有「一」字，據《百川學海》本、《金華叢書》本等删。

賦以一字見工拙

曩者吴叔經邦在湖南漕試，以本經詩義取解魁。次名陳尹，賦《文帝前席賈生》，破題云：「文帝好問，賈生力陳。忘其勢之前席，重所言之過人。」叔經先生改「勢」字作「分」，陳大欽服。内有打花格云：「金蓮燭焕，煌煌漢天子之儀；玉漏聲沈，纚纚洛陽人之語。」試官已喜此一聯。又陳季陸在福州考較，出《皇極統三德五事賦》，魁者破題云：「極有所會，理無或遺。統三德與五事，貫一中於百爲。」季陸先生極喜闢初兩句，只嫌第四句不是，「貫百爲於一中」似乎倒置，改「貫」字作「寓」，較有意思。尤喜陳舜申三策，第三道策題《問屯田》，乃先生撰也，最是答得工夫，此皆二公之警誨也。

假用夏字

往年上庠湯黄中試《秋燕已如客詩》，破題：「近人方賀厦，如客已驚秋。」以「厦」對「秋」，權借用字也。陳傅良作《仲秋教治兵賦》，破題：「雖諸夏之偃武，必仲秋而治兵。」張永《防秋詩》云：「逆胡方猾夏，中國重防秋。」以「夏」對「秋」，正借用字也。原其所作，皆有自來，豈非得張喬《月中桂》之遺意耶？所謂「根非生下土，葉不墜秋風」是也。六吟八韻，能於借對上得一二警聯，便自高人一著，作者不可不知。

詩貴熟讀

梁揆叔子解試《鵰鶚離風塵詩》，當時無不擊節。破題徑説：「鵰鶚銜天品，凡禽未易倫。三秋乘志氣，一舉離風塵。」或者喜其自喻見志，果超詣上上第。幼嘗誦此一篇，已自迅口轉過，初不覺其所以妙處。及至暮年，始悟「高騰霄鳳渚，下睨塞鴻賓」，借「渚」字對「濱」，無如此之巧，始歎服不能自已。大凡玩古人糟粕，須是字字究竟，句句勘破，方是讀書。又要熟讀，古人云：「讀書百遍，其義自見。」又云：「舊書不厭百迴讀，熟讀應須子自知。」

廷對二説

嘗見閩中一士人，方領鄉舉，叨冒過省，廷對有「蒙被教育」之説。又見浙中一先生，四舉了當，廷對有「僻在一隅」之説。皆不欲言其名也，都是套籠説話，怕落第五甲也。欲媒試官，把做《大學》川中人看，得數較優，果是使得，驗其狡猾如此。後進之士當自奮勵，取高第而躐巍科，决在萬人頭上立，不可效此曹爲碌碌計也，千萬勉旃。

祝賀生辰

伊川生日致齋恭肅，不事飲燕歌樂，蓋念劬勞之力。今人誕辰，極意懽娛，祝壽之詞，多用律吕體狀其月，又用蓂莢形容其日，固已親切。然而蓂莢一事，據某所見，半好半不好也。若在月半以前，一日生長一葉，乃是增數，誠爲美事，儘好使也；若在月半以後，一日凋零一葉，乃是減數，實爲語忌，烏可使也。用事當嚴所擇，爲文又要脱俗，方是作家。且如八月十六生人，或者爲之歌曰：「昨夜萬家齊笑語，祝君千歲共團圓。」又如詩僧《上秦師垣壽》曰：「不祝公兮椿與松，椿松老大空無用。不祝公兮鶴與龜，鶴龜汨没徒泥中。祝公願作天上月，歲歲年年常皎潔。錦城初動五更鐘，引領衆星朝北闕。」秦公大悦。

嚴子陵本姓莊

嚴子陵本姓莊，避顯宗諱，遂稱嚴氏。若釣臺，若七里灘，亦皆以嚴命名，無非循習之訛，而莫知其非也。本朝宣和間，方臘寇江浙，改睦州爲嚴州，蓋本於此。至如范曄操東漢之史筆，初不究其姓氏之由，遽曰「嚴光」而傳之，無乃以田千秋爲車千秋乎？余是以寄意絶句於釣臺之上，有曰：「千古英風想子陵，釣臺緣此幾人登。誰知避諱更嚴氏，灘與州名總誤稱。」

淅川

丹水出上洛，湍水出伊陽，南流至淅川，又南流入漢。天下之水，罔不殊源而合流者，有一源而釃爲二者，灕桂是也。唯淅、湍同川而異流，本末不相犯，故謂之淅焉。

用夏變夷

據胡牀，畜番犬，舞拓拔，拓拔氏，胡人設呼爲拓拔。動蠻樂，皆士大夫之所不當爲而爲之，無乃循習日久，而恬不知怪乎？有能奮拔於流俗之中，而毅然以中國禮義爲己任，亦風化之所由倡也。殆見用夏變夷，不聞用夷變夏。

自悟前身

余因以類彰，羊祜自省前身爲李氏之子，邊鎬爲謝靈運後身。韋皋既生一月，有一胡僧造其家曰：「兒若有喜色。」韋氏問之，僧曰：「此子乃諸葛武侯後身。」因以武侯字之，見《宣室志》。及觀王十朋絶句：「石橋未到神先到，日裏還同夢裏時。僧教我名劉道者，前身曾寫石橋碑。」石橋乃天台五百尊羅漢洞口也。今世所以聰明，所以福德，所以不昧，本來面目皆前世有以胎之。不是大修行僧道，便是大有德官員，功成行滿，道洽政治，故有如是滅，亦復有如是生。彼有靈物，託化星辰降誕，神道出世，爲我等相者，應見自性如來。豈他人之所能知哉！

天堂地獄

人言天堂高而在上，地獄幽而在下，疑其勢之相遼絶也。據其所見，大有不同。蓋與人説好事，一切依本分，眼前便是天堂，不必更求之於天上；欺算人物色，教唆人公事，眼前便是地獄，不必更求之於地下。爲善即天堂，爲惡即地獄。天堂、地獄，不在乎他而在乎一念之間，不可有毫髪差。

修外功德内功德

人於利濟通達者力爲之，患難困苦者力救之，皆如己身之事，修此爲外功德也。修之勿責人報，勿希天祐，人若有知，天若有靈，此理當如何哉？人能清心釋累，懲忿窒欲，修此爲内功德也。修之勿期道勝，勿希瑞應。經若不誣，教若不虚，此理當如何哉？

善惡有報

「善惡若無報，乾坤必有私」，此古語也。「善惡到頭終有報，只争來速與來遲」，此古詩也。或者執其「爲善未必福，爲惡未必禍」之説，遂以爲善惡漠然無應，妄啓輕福遠禍之心，果能無應也耶？夫善有善報，善人爲善而天或不以善報之，非無報也，蓋未報也。惡有惡報，惡人爲惡而天或不以惡報之，非無報也，蓋未報也。所謂未報者，乃其未熟故耳，逮夫熟時，則其報之也其效如捷。胡不觀《大藏經》云：「善若無報，其善未熟。其善熟時，必受其福。惡若無報，其惡未熟。其惡熟時，必受其苦。」

偷割牛舌果報

吴少穎在長沙萍鄉作館，親見胡屠常愛小便宜，多見衆人未知之際，攙開牛口，偷割其舌。一日，主家市大牯牛，復又行盗，削一竹劄穿其舌炙。其牛奔逸，亟呼胡屠襲逐。胡恐抛下爲他人所竊，急將竹劄咬定，拔出其肉，以酒嚥下。不覺自斷半舌，更不能飯，强以粥飲。一月作牛吼而死，其果報如此。

心目相亂

「仰面貪看鳥，回頭錯應人」，是心爲眼所亂也。「忽因馬首見新月，錯認蛾眉憶故人」，是眼爲心所亂也。噫！眼中有心，心中有眼，二者無意於相亂，而不能不相亂也。

責己説

責己不責人，君子也；責人不責己，小人也。小人惟知責人而不知責己，所以多招外謗，蓋嘗自恕也。人之子弟或好賭博、聲色、籠養、游獵，一切玩弄皆自有以誘之，故外得以投之，費用未千百而生事已二三。爲父兄者，當痛責其子弟之不肖而箠楚之，又懲戒之可也。不此之爲而妄訴他人於官府，冀其悛惡改過，不可也。大凡鄰舍孩提或有争競，不問其是非如何，只自撻其子也，遂免他議。人有書「世情」二字，并「蘇秦只是舊蘇秦，昔日何疏今日親」之句於座右，責其不情於我，而不知未有可情之勢，此所以疏之者何望焉。秦穆公善悔過，責己不責人。荀子曰：「君子責己重以周。」此之謂也。

斷飲説

房琯以片言取宰相，楊炎以單語悟天子，一言之感人也如此。頃年，陳公大卿生平好飲。一日，席上有一同寮，舉以「知命者不立巖牆之下」而問之。陳曰：「酒亦巖牆也。」陳因有是問，遂終身不飲，何其一言之感人也如此。今人或有所溺，而乃諄諄之誨，縷縷之詞，勉之不從，何也？蓋勸其所以欲而禁其所不欲，豈遽然惟我是聽而忘其所愛？斷然不能投合。不若以節之之説告之，漸令改過可也。大凡諫諍之道，無出於此。

茹蔬説

能爲人之所能爲，而不能爲人之所不能爲，庸人也。斷葷戒飲，食菜茹蔬，是人之能爲也；割愛妻子，絶念色欲，是人之不能爲也。喫菜事魔，正坐此患。至於貪財戀色，男女溷置，修二會子，説金剛禪，皆幻術也。若夫大可誅者，不享祀家，先言送諸天堂上也。且人之有身則有父，有父則有祖，四時享獻，示不忘其本也。豈有俗崇而能上天堂也耶？原其趨嚮，非不慕善，要之邪道，繆用其心，所以有禁止之令也。

戒食菰蕈

夏秋月雜菰蕈，皆是惡蟲蛇氣結成。前後壞人甚多，斷不可喫爾。農民何不勤力種菜，四時無缺？何用將性命試此毒物？特此勸諭，莫招後悔。見《王狀元夔府十戒》。

佚文

老杜詩詞，酷愛下「受」字，蓋自得之妙，不一而足。如「脩竹不受暑」，「輕燕受風斜」，「吹面受和風」，「野航恰受兩三人」，誠用字之工也。然其所以大過人者無他，只是平易，雖曰似俗，其實眼前事爾。「老妻畫紙爲棋局，稚子敲針作釣鈎。」以「老」對「稚」，以「其妻」對「其子」，無如此之親切，又是閨門之事，宜與知者道。（宋蔡夢弼《草堂詩話》卷上）

◎陳　櫄撰

負暄野録

李偉國　整理

點校説明

《負暄野録》一卷，陳槱撰。槱字宜之，閩縣（今屬福建）人，幾之孫，郊之姪孫。光宗紹熙元年（一一九〇）進士，其人仕履不詳。

《四庫全書總目提要》謂此書：「上卷論石刻及諸家書格，下卷論學書之法及紙、墨、筆、硯諸事，皆源委分明，足資考證。」其間所記名人故實、詩文，亦具文獻價值。

《四庫提要》又謂：「至所載《鼠鬚筆》詩一首，《宋文鑑》題爲蘇過作，其時《斜川集》尚存，必無舛誤，而槱稱『昨見邵道豫賦《鼠鬚筆》，殊有風度，今載於此』云云，則失考之甚矣。」按《鼠鬚筆》詩雖不見於今本《斜川集》，南宋初胡仔《苕溪漁隱叢話》已著録爲蘇過詩，此書所載，自是不確，又記范成大《題虜中項王廟》一詩亦誤。

此書主要版本有《知不足齋叢書》本、《四庫全書》本，這次整理，以《知不足齋叢書》本爲底本，校以《四庫全書》本等。

校勘記

卷上

總論古今石刻

古者金、銅等器物，其款識文字，皆以坯冶之後鐫刻，非若今人就範模中徑鑄成者。余於武陵郡開元寺鐵塔上見鐫刻經咒之屬，皆是冶鑄後爲之。至於石刻，率多用麄頑石。又字畫入石處甚深，至於及寸。其鐫鑿直下，往往至底乃反大於面，所謂如蠹蟲鑽鏤之形，非若後世刻削，豐上鋭下，似茶藥碾槽狀。故古碑之乏也，其畫愈肥；近世之碑之乏也，其畫愈細。愈肥而難漫，愈細而易滅。余在漢上及襄峴間，親見魏、晉碑刻如此。兼石既麄頑，自然難壞。後世石雖精好，然卻易剥缺。以是知古人作事不苟，皆非今人所能及也。

秦璽文玉刻

《古器物銘》載此璽文，云得於河内向氏家，援《集古印格》所載，謂是秦璽。按《金石録》：「元符中咸陽獲傳國璽，初至京師，執政以示故將作監李誠，誠手自摹印二本，以一見遺。」又蔡絛《鐵圍山叢談》載，元符所得乃漢璽，其文曰「承天福，延萬億，永無極」九字，今此璽文乃曰「受命于天，既壽永昌」，二文不同，則知趙明誠蓋未嘗見秦璽也。按《晉書》載，此璽自漢傳至晉，逮五胡亂華，璽爲石勒所收，石既敗滅，璽失所在。後戴施得之，歸於東晉，但其璽文乃云「受天之命，皇帝壽昌」，已非是舊文矣。又歷六朝至隋氏，隋之平陳，復得舊璽，乃更名前者謂曰神璽。又傳五代，後唐王從珂自焚，璽亦毀棄。即此則與續刻咸已失之。余竊詳二璽各是一物，及諸家譜書，乃謂通是一璽，背面有異文，非也。二者疑皆魏、晉所刻，而秦璽不存久矣。後有得者，益非古物。近嘉定己卯歲，賈涉節制河北，中繳到蒙國大將撲鹿花獻一璽，文曰「皇帝恭膺天命之寶」，篆刻甚得古意，然非舊物。或謂真廟因天書降後所刻，卻有此理意者。金人自汴京攜至燕山，北都既破，爲蒙人所得耳。櫄嘗聞諸老先生議論，謂自昔陋儒謂秦璽所在爲正統，故契丹自謂得傳國璽，欲以歸太祖皇帝。太祖不受，曰：「吾無秦璽，不害爲國。且亡國之餘，何足貴乎？」契丹畏服。聖性高明，持守剛正如此，亦可謂度越前古而貽範於方來矣。

前漢無碑

《集古目録》并《金石録》所載自秦碑之後，凡稱漢碑者，悉是後漢，其前漢二百年中，並無名碑，但有金石刻銘識數處耳。歐陽公《集古目録》不載其説，第於《答劉原父書》嘗及之。趙明誠云：「西漢文字，世不多有，不知何爲希罕如此，畧不可曉。」然《金石録》卻載有「陽朔磚」數字，故云「希罕」，言不多，非無也。余嘗聞之尤梁溪先生袤云：「西漢碑，自昔好古者固嘗旁採博訪，片簡隻字，搜括無遺，竟不之見。如『陽朔磚』，要亦非真。非一代不立碑刻【二】，聞是新莽惡稱漢德，凡所在有石刻，皆令仆而磨之，仍嚴其禁，不容略留。至於秦碑，乃更加營護，遂得不毁，故至今尚有存者。」梁溪此言，蓋有所援據，惜不曾再叩之。余因記范石湖《題虞中項王廟》詩有云：「人間隨事有知音，新□□□□□□□。□□□□□□□，□□□□□□□。」取秦其事亦爾，可發識者一笑。近世洪景伯丞相著《隸釋》，卻有前漢哀帝元壽中郫縣一碑，或謂乃後人僞爲者。按：《石湖集》有《七十二塚》詩云：「一棺何用塚如林，誰復如公負此心。爲説羣胡爲封土，世間隨事有知音。」注云：「在講武城外，森然彌望，北人比常增封之。」云云。此以爲《項王廟》詩，恐是誤記。

古碑毁壞

趙德甫謂所著《金石録》壽於二千卷所載之碑，由今觀之，信然。石刻固非易朽之物，其如隨時廢興，摧毁非一。前輩所載，元祐中，丞相韓玉汝帥長安，修石橋，督責甚峻。村民急以應期，悉皆磨石刻以代之，前人之碑盡矣。余又聞蕭千巖云：蔡拱之訪求石碑，或蹊田害稼，村民深以爲苦，悉鑱鑿其文字，或爲柱礎帛碪，畧不容存留。又自亂離而來，

【二】非一代不立碑刻　「非一代不立」，文淵閣《四庫全書》（以下簡稱「庫」）本作「漢代之」三字。

所在城堡，攻戰之處，軍兵率取碑鑿爲砲石，摧毁無餘。凡此皆是時所遭，其仆壞之門，殆非一端，蓋亦碑刻之一厄會也。

樂毅論

無錫徐氏家藏《樂毅論》碑石，止存五塊，可見者一百八十九字，用木匣鐵束，甚寶祕之。徐氏之上世，名縝字君徽者，劉公敞原父之妹婿也，嘗與原父評論石刻始末，跋此碑尤詳，云：「《樂毅論》有二本，其一元豐初吴人得其石於太湖水中，石缺過半，背面皆有刻，面十三，背亦如之，後題『永和四年十二月廿四日書賜官奴』【二】，其上書『昪、僧權』，即梁朱昪、徐僧權也。其一即周越《書苑》所載高紳學士得其石於秣陵井中者是也。凡二十九行，石缺一角，後兩行只有最下一字，至海字止。紳之子安世，卒於吴興，其家以石質錢於州民錢氏家。當官者每令摹拓，錢氏厭之，紿爲比以失火焚毁矣。熙寧中，吴大饑疫，趙子立者，以金質得之。」又云：「舊傳《樂毅論》，乃右軍親書于石，其後石入昭陵。朱梁時温韜得之，復傳人間，即高氏本也。是褚遂良記，貞觀中【三】内出《樂毅論》真跡，令直弘文館馮承素模寫，賜長孫無忌等。筆勢精妙，備盡楷則。子立所得高氏本，字亦奇絶，非右軍親書于石，亦摹真跡而刻之者。」子立名竦，泉南人，曾將漕兩浙，入爲都水使者，無子，有二女，長嫁徐康直，字平甫，即君徽之子也。子立死，以石授平甫，徐氏再世寶

【二】永和四年十二月廿四日書賜官奴 「二」，宋陳思《寶刻叢編》作「一」。

【三】即高氏本也是褚遂良記貞觀中 同前書作「即高氏本是也……又褚遂良記貞觀十二年」，較優。

藏。尤延之給事袤、王順伯大卿厚之，皆有題跋。尤謂余常親見歐陽公《集古》所藏高氏本，梅聖俞於碑後白紙缺處題「甚妙」二字，與此卷前一本同【四】。王謂考之《集古録》，高紳子弟以石質錢於富人，其家失火，遂焚其石，今無復有本矣。趙德甫《金石録》云：「《集古録》謂石焚，非也。元祐間余侍親官舍徐州時，故郎官趙竦被旨開吕梁堰，挈此石隨行，竦没，石遂不知所存。」蓋歐陽公爲錢氏所紿，而趙德甫則不知石後歸徐氏也。又碑有朱异、徐僧權押縫者，乃梁朝摹刻之本。又上有小字云：「大和六年中勒畢。」大和，唐文宗年號，是經唐時再摹刻也，字體比徐氏稍肥，然極有典刑。此石出太湖時，爲章氏所得，刊二印爲朱文，云「中國祕藏」及「章淵文房印」。淵字伯深，乾道間嘗爲江山宰，寓居于吴，余猶及識之，亦竦爽好事。今不知此石尚存其家否。

右軍書論

右軍書使門生喪心，僧辨才殞命，昭陵被發，咸陽嫗受驅。其爲世所珍貴，而貽害於人也蓋如此。

篆法總論

小篆自李斯之後，惟陽冰獨擅其妙。常見真跡，其字畫起止處，皆微露鋒鍔，映日觀

【四】與此卷前一本同　「同」上庫本有「不」字。

之，中心一縷之墨倍濃，蓋其用筆有力且直下不欹，故鋒常在畫中，此蓋其造妙處。江南徐鉉書亦悉爾【五】，其源自彼，而得其精微者。余聞之善書者云：「古人作篆，率用尖筆，變通自我，此是活法。」近世鶴山魏端明先生亦用尖筆，不媿昔人。常見今世鬻字者，率皆束縛筆端，限其大小。殊不知篆法雖貴字畫齊均，然束筆豈復更有神氣？山谷云：「摹篆當隨其喎斜肥瘦與槎牙處皆鐫乃妙，若取令平正，肥瘦相似，俾令一概，則蚯蚓筆法也。」山谷此語，直自深識篆法妙處。至於槎牙肥瘦，惟用尖筆，故不能使之必均，但世俗若見此字，必大哂嫌，故善書者往往不得已而徇之耳。

李陽冰書

義興莊元卿家所藏絹本小篆，題「顯揚儒教」四大字，各從四尺而約，衡五之三，畫經二十而一，位置得宜，頓挫有法，發筆處圜若運規而見鋒穎。歲久絹質腐敗，墨色不漫，體勢精彩，猶若飛動。元卿言，其大父少師僖簡公官京師時得之於河内向氏家，相傳爲李陽冰少監所書，雖無題識可考，然觀其神氣，信所謂如古釵倚物，力有萬夫，度非後人所及。按陽冰當至德時嘗欲立石經而弗果，四字之作，安知其不爲此而發？即此亦可驗其爲陽冰書云。

【五】江南徐鉉書亦悉爾　「悉」，庫本無。

章友直書

建安章伯益友直，以小篆著名，尤工作金釵體。初來京師，人有欲從之學書者，章曰：「所謂篆法，不可驟爲，須平居時先能約束用筆輕重，及熟於畫方運圜，始可下筆。」其人猶未甚解，章乃對之作方圜二圖，方爲棋盤，圜爲射帖，皆一筆所成，其筆畫麄細，位置疎密，分毫不差。且語之曰：「子姑歸習之，能進乎此，則篆有餘用，不必見吾可也。」其人方大駭愕，不敢復請問。蓋其筆法精熟，心手相忘，方圜不期，自中規矩。友直尤工作古文，余嘗見其爲《信州弋陽縣□□峰記》，文意高絶，蓋非止以字畫名世也。伯益既下世，有女適著作佐郎黄元者，能嗣其篆法，備極精巧。嘗書《陰符經》，字皆徑寸，勢若飛動。伯益姪孫章衡得其本，知襄陽日，刻于郡齋。余嘗得墨本，誠可珍玩。

邵餗書

邵居士餗，才行俱美，高尚不仕，隱居丹陽，尤工爲釵股篆，世所欽重。范文正公作《釣臺嚴先生祠堂記》，欲求其書而刻之石，專遣錢持書懇之。余嘗傳得范公之書，今録于此。書云：

仲淹書白先生邵公足下。仲淹今春與張侍御過丹陽，約詣先生。維舟湖濱，聞先生歸山，所謂其室則邇，其人甚遠，惘然愧薄宦之不高矣。暨抵桐廬郡，郡有嚴子陵釣臺，思其人，詠其風，毅然知肥遯之可尚矣。能使貪夫廉，懦夫立，則是大有功於名教也。乃作堂而祠之，又爲之記，聊以辨子陵之心，決千古之疑。又念非託之奇人，則不足傳於後世。今先生篆高出四海，誠能枉神筆於片石，則子陵之風，後千百年未泯，其高尚之爲教也，亦大矣哉！謹遣郡校奉此，恭俟雅命。

觀此書語，則其推重邵君，亦不薄矣。余又於巴陵登岳陽樓，乃滕宗諒子京知郡日所脩，記亦范文正公所譔，蘇舜欽書，邵餗篆額，時號四絶云。

近世諸體書

余嘗評近世衆體書法，小篆則有徐明叔及華亭曾大中、常熟曾耆年。然徐頗好爲復古篆體，細腰長腳，二曾字則圜而匀，稍含古意。大中尤喜爲摹印，甚得秦、漢章璽氣象。隸書則有吕勝己、黄銖、杜仲微、虞仲房。吕、杜、黄工古法，然雖頗勁而其失太拙而短，虞間出新意，波磔皆長，而首尾加大，乍見甚爽，但稍欠骨法，皆不得中。行草則有蔣宣卿、吴傅朋、王逸老、單炳文、姜堯章、張于湖、范石湖。蔣、吴極秀媚，所乏者遒勁，逸老草法甚熟，而間有俗筆，單字法本楊少師凝式，而微加婉麗，姜蓋學單而入室者，于湖、石湖，悉習「寶晉」一，而各自變體。今世俗於篆則推明叔，隸則貴仲房，行草則取于湖，蓋初無真識，但見其飄逸可喜。殊不知，此皆字體之變，雖未盡合古，要各自有一種神氣，亦足嘉尚。人效之者，往往但得形似，非惟不及，且併失其故步，良可歎也。

蔣宣卿書

蔣宣卿待制燦，紹興中以善書著名，因救解岳侯，遂忤秦相，諷言者論罷，閑廢十年。一日，忽報有中使至其家，時秦尚當國，老幼驚惶，慮有不測。蔣神色不變，徐而言曰：「主上聖明，吾無大過咎。且既從罷免，縱有後命，不過符下州郡處分耳，亦何至遣中使？此必美意。不然，亦當任之。」既而中使納謁，具傳上旨，賜以香茶、湯藥、宫羅之屬，又頒下翰苑所撰憲聖慈烈皇后之弟吴八郡王蓋神道碑，命蔣書之。蔣即奉敕書，以授中使而歸。憲聖及后族錫賚至數千緡，縑帛文房之具。蔣久閑廢，頗窘匱，賴以少蘇。蔣之字畫，高出流輩，而高廟垂情詞翰，臣下雖在閑廢中，猶不忘如此。蔣能不爲動容，安静以待，其量亦有可取者。蔣前將漕江西，時先大父嘗爲幕屬，及其家食，嘗專詣荆溪里第訪之，親聞其説。

小王書

世稱「小王書」，蓋稱太宗皇帝時王著也。本學虞永興書，其波磔加長，體尚嫵媚，然全無骨力。方上集刊法帖時，著預校定，識鑒凡淺，不無謬誤。如列王坦之於逸少諸子間，意謂名皆從「之」，殊不知，坦之乃王述之子，自太原王耳，非琅邪族也。黃長睿《志》及《書苑》云【六】：「僧懷仁集右軍書唐文皇製《聖教序》，近世翰林侍書輩學此，目曰院體。自唐世吴通微兄弟已有斯目，今中都習書誥敕者，悉規倣著字，謂之『小王書』，亦曰『院體』，言翰林院所尚也。」

【六】黃長睿志及書苑云 「志」上庫本有「書」字。

卷下

學書須觀真蹟

石湖云：「學書須是收昔人真蹟佳妙者，可以詳視其先後筆勢，輕重往復之法。若只看碑本，則惟得字畫，全不見其筆法神氣，終難精進。又學時不在旋看字本，逐畫臨倣，但貴行住坐卧常諦翫，經目著心，久之自然有悟入處，信意運筆，不覺得其精微。斯爲善學。」

寫大字法

古人作大字，常藏鋒用力，故其字畫從顛至末，少有枯燥處。今往往多以燥理爲奇，殊不知，此本非善書者所貴，惟斜拂及掣筆令輕處，然後有此，所謂「側筆取妍」，正蹈書法之所忌也。

論細字説

漢師宜官善書，大則徑丈一字，細則方寸千言。又晉衛巨山論書云：「其大徑尋，細不容髮，迫而察之，心亂目眩。」嘗觀東坡題《蓮經》前注云：「經七卷，如筯麄。」故其語云：「卷具盈握，沙界已周。讀未終篇，目力俱廢。乃知蝸牛之角，可以戰蠻觸，棘刺之端，可以刻獮猴【一】。」黄長睿跋細字《華嚴經》亦云：「書是經者，尺紙作七萬字。」余謂七卷之軸如筯，猶或可書，至於尺紙作七萬字，誠爲難事。若以宜官方寸千言概之，已爲有餘。此説殊不近人情，恐決無是理，余不敢以爲然。

總論作大小字

昔人云：「作大字要如小字，作小字要如大字。」蓋謂大字則欲如小書之詳細曲折，小字則欲具大字之體格氣勢也。刊勒之工，仍有善展字，不拘字之大小，皆可遞展。其法以刀鑿去紙存墨，就燈旁映之，去燈愈近，則其形愈大，自尺至丈，惟意所定，然後展紙于壁，模勒其影，既小大適中，且不失體勢，亦良法也。

【一】可以刻獮猴　「獮」，庫本作「沐」，與今蘇集同。

論筆墨硯

硯貴細而潤，然細則多不發墨，惟細而微有鉎鍔，方其受墨時，所謂如熱熨斗上燭蠟，不聞其聲，而密相粘滯者，斯爲上矣。墨貴黑光，筆貴易熟而耐久，然二者每交相爲病，惟墨能用膠得宜，筆能擇毫不苟，斯可兼盡其善。又硯忌枯燥，則易吸水，墨忌濡溼，則易昏滯，筆忌乾捺，則毫隨膠折。故愛硯之法，當以鬆匣相之，不惟養潤，亦可護塵。研墨當旋滴水，勿使停積，昔人多用硯板，不鑿墨池，政恐膠久而凝滯也。用筆時，當先以清水濡毫，令稍軟，然後循毫理點染，仍别置洗具，用畢隨即滌濯，勿使留墨，則難秃也。藏墨當以茶蒻包之，又以綿裹而入於櫝，則蒸溽不能入。藏筆宜皂角子水調鉛粉蘸上，則不生蠹。如上諸法，留意文翰者皆能知之，今謾書示兒輩耳。如藏筆墨，則高挂，用木匣懸於梁棟間。

俗論筆墨

俗論云：「善書不擇筆。」蓋有所本。褚河南嘗問虞永興曰：「吾書孰與歐陽詢？」虞曰：「詢不擇紙筆，皆得如志，君豈得此？」裴行儉亦曰：「褚遂良非精墨佳筆，未嘗輒書。不擇筆墨而妍捷者，余與虞世南耳。」余謂工不利器而能善事者，理所不然，不擇而佳，要非通論。又世俗評墨訣云：「拈著輕，嗅著馨，磨著清。」此亦非真知墨者。蓋墨質貴重實，輕則不堅；色貴光黑，清則不濃。又墨之香者，多使腦麝，好惡初不在此，且生蒸腐。今其所論，皆非佳墨所宜，俗輩之見不明其說，不可據如此。

論紙品

《蘭亭序》用鼠鬚筆書烏絲闌繭紙。所謂繭紙，蓋實絹帛也。烏絲闌，即是以黑間白織其界行耳。布縷爲紙，今蜀箋猶多用之。其紙遇水滴則深作窠臼，然厚者乃爾，故薄而清瑩者乃可貴。古稱剡藤，本以越溪爲勝，今越之竹紙，甲於他處，而藤乃獨推撫之清江。清江佳處，在於堅滑而不留墨。新安玉板，色理極膩白，然質性頗易軟弱，今士大夫多糨而後用，既光且堅，用得其法，藏久亦不蒸蠹。又吴人取越竹，以梅天水淋，晾令稍乾，反覆硾之，使浮茸去盡，筋骨瑩澈，是謂春膏，其色如蠟。若以佳墨作字，其光可鑑。故吴箋近出，而遂與蜀産抗衡。江南舊稱澄心堂紙，劉貢父詩所謂「百金售一幅」，其貴如此。今亦有造者，然爲吴、蜀箋所揜，遂不盛行於時。外國如高麗、闍婆，亦皆出紙。高麗紙類蜀中冷金，縝實而瑩，闍婆者厚而且堅，而長者至三四丈。高麗人云：「抄時使幅端連引，故得爾長。」胡人用作帷幄，修齋供，則張之滿室，若有嘉會，乃更設花布及罽綺所爲者。

春膏紙詩

吴門孫生造春膏紙，尤造其妙，余嘗賦詩曰：

膏潤滋松雨，孤高表竹君。夜碪寒擣玉，春几瑩鋪雲。越地雖呈瑞，吴天乃策勳。莫言名晚出，端可大斯文。

近觀米南宫有一帖云：「余嘗硾越州竹，光透如金板，在油拳上矩截作軸入笈【二】，番覆數十張【三】，學書作詩。《寄薛紹彭、劉涇》云：『越筠萬杵如金板，每用杭油與池璽。高壓巴郡烏絲闌，平欺澤國清華練。老無他物適心目，天使殘年同筆研。圖書滿室翰墨香，劉薛何時眼中見。』薛和之云：『書便瑩滑如碑版，古來精紙惟聞璽。杵成剡竹光凌亂，何用區區書素練。細分濃淡可評墨，副以谿巖難□研【四】。世傳此語誰復知，千里同風未相見。』」以此觀之，則其擅美蓋可知矣。

紙分陰陽面

凡紙皆以澆處向上爲陽，著簾處向下爲陰。今人多爲面陽而背陰，蓋以陽面雖麄，而光滑不凝滯，陰背雖細，而艱澀能沁墨故也。然太滑又易失用筆之意，太澀又推筆不行。惟今之清江及越竹紙，其陰面細而不澀，用以作字，筆法具存。其陽面則光滑太甚，筆鋒

【二】在油拳上矩截作軸入笈　宋米芾《書史》「矩」一作「短」。

【三】番覆數十張　同上書作「番覆一日數十紙」。

【四】副以谿巖難□研　「□」，清倪濤《六藝之一録》卷三〇七引作「作」，庫本作「試」，米芾《書史》作「乏」。

未到，而墨已先馳，似過於駿快也。

論筆料

韓昌黎爲《毛穎傳》，是知筆以兔穎爲正。然兔有南北之殊，南兔毫短而輭，北兔毫長而勁，生背領者，其白如雪霜，毫作筆【五】，絶有力。然純用北毫，雖健且耐久，其失也不婉。用南毫雖入手易熟，其失也弱而易乏。善爲筆者，但以北毫束心，而以南毫爲副，外則又用霜白覆之，斯能兼盡其美矣。古人或用貍毛鼠鬚，今都下亦有製此筆者，大抵只是於兔毫中入數莖同束。聞之工者云：「但可以助力，且作美觀。然不可多用，多用則大麄澀。」閩廣間有用雞羽、鴈翎等爲筆，余嘗用之，究其輭弱無取，殆亦求奇之過。《酉陽雜俎》載南朝有姥善束筆，心用胎髮。蕭子雲嘗用之，似是取其輭熟。此法今不復見於用。吴俗近日卻有用竹絲者，往往以法揉製，使就揮染，或謂是苕枝，而冒稱曰竹絲。江西亦有緝竹爲輕絺者，疑未必不可爲此也。

二毫筆

歐陽通以貍毛爲筆，以兔毫覆之，此二毫筆之所由始也。以羊合兔，盛於今時。蓋不但剛柔得中，差宜作字，而且價廉工省，故人所競趨。番陽張彦實待制，名杞元注云：犯光廟

【五】毫作筆　「毫」上庫本有「北」字。

御諱。敦【六】，嘗爲賦詩云：

包羞不借虎皮蒙，筆陣仍推兔作鋒。未免吹毛强分别，即今同受管城封。

詠筆詩

猩猩毛筆，惟山谷詩絶冠，名士無不諷詠，兹不贅録。昨見邵道豫賦鼠鬚筆，殊有風度，今載于此云：

太倉失陳紅，狡穴得餘腐。既興丞相歎，又發廷尉怒。磔肉飼飢貓，分毫雜霜兔。插架刀槊便，落紙雲煙騖。穿墉一何微，託此馳佳譽。

毫錐名筆

世稱筆之鋒短而鋭者爲毫錐，蓋本白太傅詩，云有「毫鋒鋭若錐」之語，白自注云：「時與元微之各有鋒纖細管筆，攜以就試，相顧輒笑，自曰毫錐。」

近世用筆

今所在筆生作筆，例是尖鋒，蓋士子輩編節時文，只是用筆端點啄於紙上，成字具體而已，更不顧法度如何，故率作此以便求售。余乃用筆心作字，全使此等筆不得。每染一

【六】番陽張彦實待制名杞（元注云犯光廟御諱）敦「杞」，庫本作「犯」。按：張擴字彦實，德興人，其名應犯宋寧宗諱，若名「敦」，則犯光宗諱。

管，至於搶秃，終不可意。嗟乎！文既趨時，筆亦徇俗。苟利成風，勢不可挽。欲求爲印泥畫沙之妙，正如策蹇驢而追驥騄，豈不難哉！但鋒齊之筆，乃有易秃之患，惟良工專務擇毫，飽而有力，自然難乏。

論墨法

近世言墨法者，蓋推吾鄉雪齋趙彦先子覺。彦先乃故安定郡王超然居士令襟表之子也【七】。其墨法本無宗承，但自少時，篤好製造，集諸家名方，且招延良工，無方不試，無時不作，參合衆技，舍短取長，積日累月，遂造其妙。中興三廟，咸見貴重。名播遐邇，目無潘、李。彦先所造墨至多，今物故已數十年，墨之在人間者亦漸稀少。間有藏得數笏者，與玉寶同貴。彦先亦已嗣王封，有子十四人，持麾把節亦已太半，皆能紹其法。然各務從仕，鮮復留意。餘人得其傳者，有郡士黄元功、朱知常、諸葛武仲、詹從之、周達先、葉茂實及天台陳伯叔琴隱、薛道士之徒。雖皆頗異常品，然較之真雪齋所造，要之不及也。余與雪齋諸子姪皆宛轉有媚好，嘗爲余言：「世俗相傳，咸以對膠爲奇。先公嘗云：『此大不然。若用是法，非特堅頑難磨，且終不能黑。大抵當以十分爲率，而煤六，而膠四，乃爲中度。但取煙貴輕而杵貴多，自熟耳膠【八】。』次第泛論，大概如此。至其要妙，非言之所述也。」按：自熟句有脱誤。

【七】彦先乃故安定郡王超然居士令襟表之子也　「表」，同上引無，應是。「令襟」，又作「令衿」，乃宋太祖五世孫名。

【八】自熟耳膠　庫本作「自臻其妙」。

論硯材

硯以端溪爲最，次則洮河，又次則古歙，又次則劒溪。此外如淮安、辰溪諸郡，雖亦有之，然皆不足俎豆其間。端、歙所產，皆有新舊坑之别，惟舊坑者爲上，今已淪爲深淵，不可復取。但聞人間時有收得者，亦絶希罕。新坑亦間有可採，然百不一二。端石有眼，本非硯之所貴，特以此表其真耳。故辯之者有活眼、死眼之殊。活眼凡有數暈，黄、赤相間，所謂鴝鴿眼者乃佳。若但純黄或純緑色，模糊不明了者，則爲死眼，此無足取，兼多有僞爲者，須細察之方可見也。歙石有四種紋：一曰刷絲，乃直紋也；二曰蘆菔，乃交羅紋也；三曰眉子，上有黄黑紋如眉；四曰金星，狀若灑金。此四紋者，惟刷絲爲上，其間復有差等，但金星之質最頑，不堪用。洮石今亦絶少。歙之祁門有一種石，淡緑色而理細，土人以之爲假洮石，但性極燥，故爲賤耳。劒溪出黯淡灘，有石子爲之，妙甚。東坡所謂鳳咮，以爲出於北苑鳳山之咮，今其地初不聞有佳石，不知何以稱此。廬陵人工造澄泥瓦硯，規倣銅雀，然其質枯燥。又南中人以琿璪琢硯，久則拒墨。漆硯亦然，本取漆匠案卓上自然久積者，質堅而鋥，利於研磨。今人乃旋累漆【九】，僞爲體虚，而滑不可用。大抵皆非硯之正材也。

大德三年，歲次己亥，六月十五日甲子吉，雲山埜人德甫乘龍子茅　端真敬書。

陳標與范石湖、張于湖、姜白石同時，約齋山人俞洪識。

【九】今人乃旋累漆　「旋」，庫本作「施」，清倪濤《六藝之一録》卷三〇八引作「或」。

跋

右《負暄野録》一帙，莫知何人所述，其發明古今碑刻及翰墨諸法，後又附以文房四寳之評，蓋博雅之士也。先君俾茅雲山草鈔而不及再謄，遂致紙板散亂。至正七年五月初吉，梅雨連日，因理故書而緝之，計其歲月，則四十九載矣。光陰去速，可以慨歎。拜手而題于左。王東。

起善兄文府所藏諸書，僕獲觀者過半矣。間有予所好者，則假而鈔之不置，起善略無吝色。今夏又以是書見示，迺予所未見者，遂命表妹夫胡善長謄于□然堂，以爲清玩。起善先尊海粟先生，僕在童時雖識之，第生晚，不克親炙教誨爲恨。然公之遺書，傳之子孫，僕亦得觀覽，則拜賜多矣。至正七年青龍丁亥六月旦日，里生古雍樊士寬謹識。

至正十九年，歲在己亥，三月四日，因祗直公府，駐於左右鄰家，覽此，則知篆者邵餗，繼其末又有文房四説云：筆則取於兔毫，墨則妙於潘、李，紙出蜀、吴，硯出端、歙，刷絲直紋者云四妙示。故信筆記之。時同座有樞府斷事官廳王君守宗，分省理問所蔣彦祥也。聊記歲月云。

圖書在版編目(CIP)數據

全宋筆記. 第7編. 5 / 上海師範大學古籍整理研究所編.— 鄭州 : 大象出版社, 2015. 12
ISBN 978-7-5347-8730-0

Ⅰ. ①全… Ⅱ. ①上… Ⅲ. ①中國歷史—史料—宋代 Ⅳ. ①K244. 066

中國版本圖書館 CIP 數據核字(2015)第 314270 號

全宋筆記 第七編 五

出版人 王劉純
特約編輯 陳新
責任編輯 郭一凡
整體設計 張勝
出版發行 大象出版社
鄭州市開元路16號(450044)
製版 上海杰申電腦排版有限公司
印刷 鄭州瑞光印務有限公司
版次 2016年2月第1版第1次印刷
開本 640mm×960mm 1/16 17.25印張
字數 209千字
印數 850冊
定價 62.00元